Julian Stey

# Lernzielkontrollen Mathe 5./6. Klasse

## Tests in zwei Differenzierungsstufen

D1735471

**Der Autor**

**Julian Stey** ist Schulleiter an einer Haupt- und Realschule. Er unterrichtet die Fächer Mathematik und Katholische Religion.

Gedruckt auf umweltbewusst gefertigtem, chlorfrei gebleichtem und alterungsbeständigem Papier.

1. Auflage 2019
© 2019 Persen Verlag, Hamburg
AAP Lehrerfachverlage GmbH
Alle Rechte vorbehalten.

Covergrafik: Julia Flasche
Grafik:      Satzpunkt Ursula Ewert GmbH, Bayreuth
Satz:        Satzpunkt Ursula Ewert GmbH, Bayreuth

ISBN:  978-3-403-20418-3

www.persen.de

# Inhaltsverzeichnis

# Inhaltsverzeichnis

## 6. Klasse

# Einleitung

Die als Lernzielkontrollen konzipierten Arbeitsblätter dieses Titels decken alle mathematischen Themen der Jahrgangsstufen 5 und 6 ab. Neben der Verwendung als Mathematikarbeit/Test können sie unter anderem auch als Material zur Übung und Wiederholung vor Mathematikarbeiten eingesetzt werden oder aber in Vertretungsstunden. Dabei können die Arbeitsblätter durch die unterschiedlichen Anforderungsniveaus in allen Schulformen integriert werden. Der wesentliche Nutzen wird vor allem in der diagnostischen Auswertung für Lehrkräfte, Eltern und/oder Schülerinnen und Schüler liegen: Was ist bei der Schülerin/dem Schüler vom behandelten Stoff hängen geblieben? Wer braucht noch Hilfe/hat noch Förderbedarf und in welchen Bereichen? Diese Fragen können durch den Einsatz der Kontrollen schnell beantwortet werden. Es können genaue Defizite oder Kompetenzen bei einzelnen mathematischen Themen lokalisiert und benannt werden. Entsprechende Hilfsmaßnahmen können daraufhin gezielt konzipiert und als Fördermaterial eingesetzt werden.

Mithilfe der Lösungsseiten können die Schülerergebnisse rasch durchgesehen und zügig korrigiert werden.

## Themenbereiche der einzelnen Klassenstufen

*Klasse 5*
Schriftliche Rechenverfahren, der Zahlenaufbau, Rechengesetze und geometrische Themen, wie z. B. Körper, Strecken, Geraden usw. und das Umrechnen von Größen sind Hauptbestandteile der Lernzielkontrollen im 5. Schuljahr.

*Klasse 6*
Die Themen Teiler, Vielfache, Bruchrechnung und Winkel wurden in die 6. Klasse eingeordnet.

## Aufbau der einzelnen Lernzielkontrollen

Es ist versucht worden, die Seiten so zu layouten, dass die Schülerinnen und Schüler die Aufgaben direkt auf dem Arbeitsblatt lösen können. Dies erleichtert Lehrkräften das Korrigieren und Schülerinnen und Schüler vertauschen weniger leicht Zahlen der verschiedenen Aufgaben etc. Das Kästchenpapier auf den Seiten ist also gedacht als Platz zur Berechnung der Aufgaben der jeweiligen Lernzielkontrolle.

Für Aufgaben, die nicht direkt auf dem Arbeitsblatt gelöst werden können, liegt eine „Kästchenseite" (Seite 109) als Kopiervorlage vor. Diese kann von der Lehrkraft in ausreichender Zahl kopiert und direkt an die jeweilige Lernzielkontrolle geheftet werden. So sind Lösungswege und Ergebnisse übersichtlich dicht beieinander.

Des Weiteren haben sich die Autoren darum bemüht, die Lernzielkontrollen in beiden Differenzierungsstufen ähnlich aufzubauen. Die Differenzierung erfolgt stets an denselben Inhalten bzw. Themenschwerpunkten. Dies soll Ihnen die Korrektur, aber auch den Vergleich erleichtern. Die Differenzierung erfolgt sowohl quantitativ als auch durch didaktische Reduktion. Außerdem wurden zur Differenzierung verschiedene Aufgabenformate gewählt. Die leichten Lernzielkontrollen sind in der Kopfzeile mit A, die schweren mit B gekennzeichnet.

❶ **Verbinde die richtigen Angaben.**

| | |
|---|---|
| 1 000 000 | 1 Billion |
| 1 000 000 000 | 1 Million |
| 1 000 000 000 000 | 1 Milliarde |

❷ **Lies die drei Zahlen am Zahlenstrahl ab und trage sie in die Kästchen ein.**

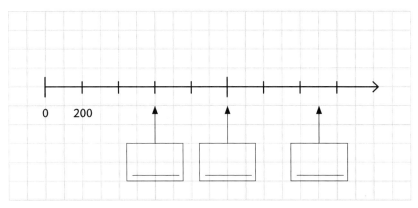

❸ **Notiere mit arabischen Ziffern.**

a) 2 T + 3 H + 8 Z + 3 E = _____

b) 1 HT + 7 ZT + 1 T + 4 H = _____

c) 9 HT + 8 T + 3 H + 2 E = _____

d) 1 M + 4 HT + 9 T + 9 H + 9 E = _____

E = Einer
Z = Zehner
H = Hunderter
T = Tausender
ZT = Zehntausender
HT = Hunderttausender
M = Million

❹ **Schreibe die Zahlen mit Ziffern.**

a) viertausendeinhundertvierunddreißig = _____

b) siebzigtausendzweihunderteins = _____

c) dreihundertvierundsiebzigtausendfünf = _____

**5** Kreuze die richtige Antwort an.

Marco hat im Lotto 936,89 Euro gewonnen.

☐ neunhundertdreiundsechzig Euro und neunundachtzig Cent

☐ neunhundertsechsunddreißig Euro und achtundneunzig Cent

☐ neunhundertsechsunddreißig Euro und neunundachtzig Cent

**6** Vervollständige die Tabelle.

|  | Vorgänger | Zahl | Nachfolger |
|---|---|---|---|
| a) |  | 399 |  |
| b) | 1000 |  |  |
| c) |  |  | 200 000 |

## Viel Erfolg!

| Aufgabe | 1 | 2 | 3 | 4 | 5 | 6 | Ø |
|---|---|---|---|---|---|---|---|
| mögliche Punkte |  |  |  |  |  |  |  |
| erreichte Punkte |  |  |  |  |  |  |  |

**❶ Schreibe in die Lücken.**

**a)** 1 Milliarde hat _____ Nullen.     **b)** 1 Million hat _____ Nullen.     **c)** 1 Billion hat _____ Nullen.

**❷ Trage die Zahlen in die Stellenwerttafel ein.**

**a)** 7 Millionen 34 Tausend 12

**b)** drei Billion zwölf Milliarden fünf Million

**c)** siebenundvierzig Milliarden fünfhundertsiebzehn Millionen zweiundsiebzigtausenddreihundertsiebenundneunzig

| | Billionen | | | Milliarden | | | Millionen | | | Tausender | | | | | |
|---|---|---|---|---|---|---|---|---|---|---|---|---|---|---|---|
| | H | Z | E | H | Z | E | H | Z | E | H | Z | E | H | Z | E |
| a) | | | | | | | | | | | | | | | |
| b) | | | | | | | | | | | | | | | |
| c) | | | | | | | | | | | | | | | |

**❸ Notiere mit arabischen Ziffern.**

**a)** 3 T + 2 H + 4 Z + 8 E =     _____

**b)** 9 HT + 4 T + 3 H + 5 E =     _____

**c)** 3 M + 2 HT + 5 ZT + 4 T + 3 H + 9 E =     _____

E = Einer
Z = Zehner
H = Hunderter
T = Tausender
ZT = Zehntausender
HT = Hunderttausender
M = Million

**❹ Vervollständige die Tabelle.**

| | Vorgänger | Zahl | Nachfolger |
|---|---|---|---|
| a) | | 800 | |
| b) | 10 899 | | |
| c) | | | 200 000 |
| d) | | 110 100 | |

**❺ Lies die Zahlen am Zahlenstrahl ab.**

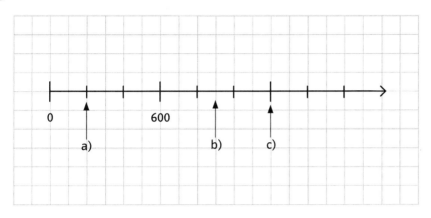

a) _____  b) _____  c) _____

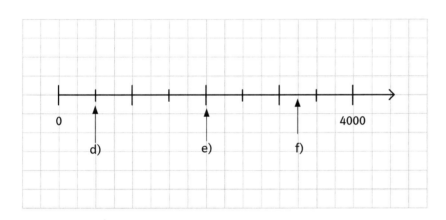

d) _____  e) _____  f) _____

## Viel Erfolg!

| Aufgabe | 1 | 2 | 3 | 4 | 5 | Ø |
|---|---|---|---|---|---|---|
| mögliche Punkte | | | | | | |
| erreichte Punkte | | | | | | |

**❶ Notiere die entsprechenden Ziffern.**

**a)** Von München nach Berlin sind es sechshundert Kilometer.

_____

**b)** Das neue Smartphone von Julian kostet eintausenddreihundertneunundvierzig Euro.

_____

**c)** Albert Einstein wurde achtzehnhundertneunundsiebzig geboren.

_____

**❷ Nummeriere die Ereignisse in ihrer zeitlichen Abfolge (1. = frühestes Ereignis).**

**a)** _____ 1835 Die erste deutsche Eisenbahn fährt zwischen Nürnberg und Fürth.

**b)** _____ 1879 Edison erfindet die elektrische Glühlampe.

**c)** _____ 1928 Die erste Fernsehübertragung wird gesendet.

**d)** _____ 1814 Die erste Lokomotive wird gebaut.

**e)** _____ 1819 Das erste Dampfsegelschiff überquert den Atlantik.

**❸ Verbinde die richtigen Aussagen.**

| < | | Das ist das „kleiner als"-Zeichen. |
|---|---|---|
| > | | Das ist das „größer als"-Zeichen. |

**❹ Setze das entsprechende Zeichen (<, >, =) ein.**

a) 31194 _____ 31914

b) 4754 _____ 4754

c) 63578 _____ 36578

**❺ Gib die nächsten drei Zahlen der Zahlenreihe an.**

a) 5, 11, 17, _____, _____, _____

b) 165, 180, 195, _____, _____, _____

c) 3, 6, 12, _____, _____, _____

## Viel Erfolg!

| Aufgabe | 1 | 2 | 3 | 4 | 5 | Ø |
|---|---|---|---|---|---|---|
| mögliche Punkte | | | | | | |
| erreichte Punkte | | | | | | |

**❶ Trage die Zahlen im Zahlenstrahl ein.**
   **Notiere den Buchstaben an der entsprechenden Stelle.**

   **a)** 900 000          **b)** 1 500 000          **c)** 4 200 000

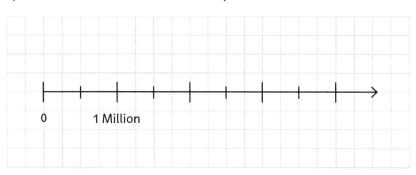

**❷ Notiere die Zahl, die genau in der Mitte liegt.**

**a)**

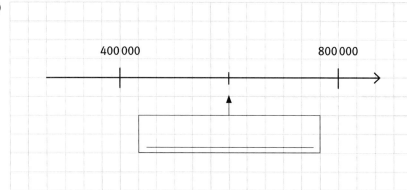

**b)**

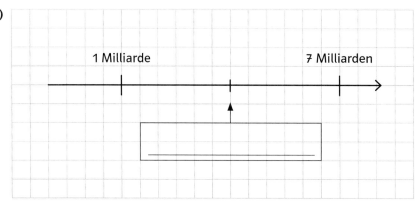

**❸ Vergleiche und setze das passende Zeichen (<, >, =) ein.**

   **a)** 2 530 _____ 2 350

   **b)** 9 909 _____ 9 099

   **c)** 2 041 723 _____ 2 042 731

   **d)** 7 331 133 _____ 7 333 311

❹ **Ordne die Zahlen nach der Größe.**

a) Beginne mit der kleinsten Zahl.

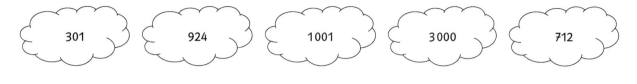

_____ , _____ , _____ , _____ , _____

b) Beginne mit der größten Zahl.

_____ , _____ , _____ , _____ , _____

❺ **Vervollständige die Zahlenreihen um jeweils vier Glieder.**

a) 3, 6, 12, 24, _____ , _____ , _____ , _____

b) 15, 30, 23, 38, 31, _____ , _____ , _____ , _____

c) 1, 1, 2, 3, 5, 8, _____ , _____ , _____ , _____

## Viel Erfolg!

| Aufgabe | 1 | 2 | 3 | 4 | 5 | Ø |
|---|---|---|---|---|---|---|
| mögliche Punkte | | | | | | |
| erreichte Punkte | | | | | | |

**1** Nicole hat in ihrer Klasse eine Umfrage gemacht.
Schreibe die jeweilige Anzahl in die Kästchen.

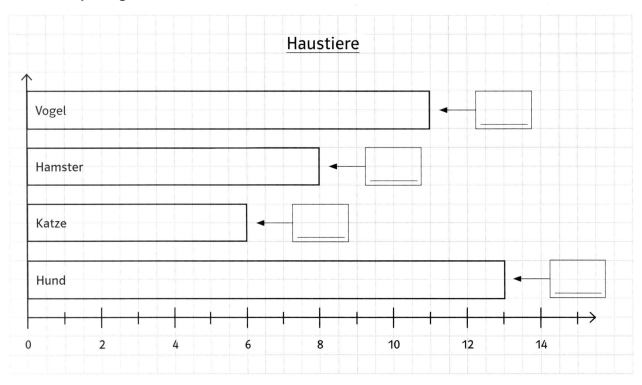

**2** Sinans Klasse verkauft Snacks in der zweiten Pause.
Stelle dies in einem Säulendiagramm dar.

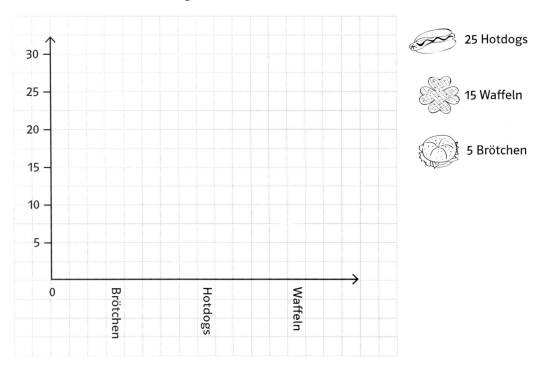

25 Hotdogs

15 Waffeln

5 Brötchen

5. Klasse

**❸ Verbinde die richtigen Aussagen.**

| Bei 5, 6, 7, 8, 9 ... | | ... rundet man ab. |

| Bei 0, 1, 2, 3, 4 ... | | ... rundet man auf. |

**❹ Runde ...**

**a)** ... auf ganze Grad Celsius.

25,1° C ≈ _____ °C

39,9° C ≈ _____ °C

0,4° C ≈ _____ °C

**b)** ... auf Tausender.

17 300 ≈ _____

35 700 ≈ _____

49 990 ≈ _____

**c)** ... auf Millionen.

1 507 000 ≈ _____

3 909 909 ≈ _____

4 230 032 ≈ _____

**❺ Verbinde die gleichen Zahlen.**

| 66 | | 21 | | 1032 |

| XXI | | LXVI | | MXXXII |

**❻ Kreuze die richtigen Aussagen an.**

☐ vier ➡ IV          ☐ neun ➡ XI          ☐ dreizehn ➡ XIII          ☐ neunhundertfünfzig ➡ CML

## Viel Erfolg!

| Aufgabe | 1 | 2 | 3 | 4 | 5 | 6 | Ø |
|---|---|---|---|---|---|---|---|
| **mögliche Punkte** | | | | | | | |
| **erreichte Punkte** | | | | | | | |

**1** Am Wochenende wurden die Zuschauerzahlen vom Fernsehprogramm bestimmt.
Lies sie aus dem Diagramm ab und notiere sie.

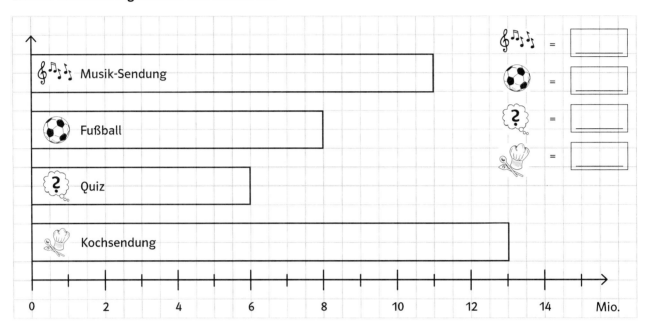

**2** Stelle die Einwohnerzahlen in dem Säulendiagramm dar.

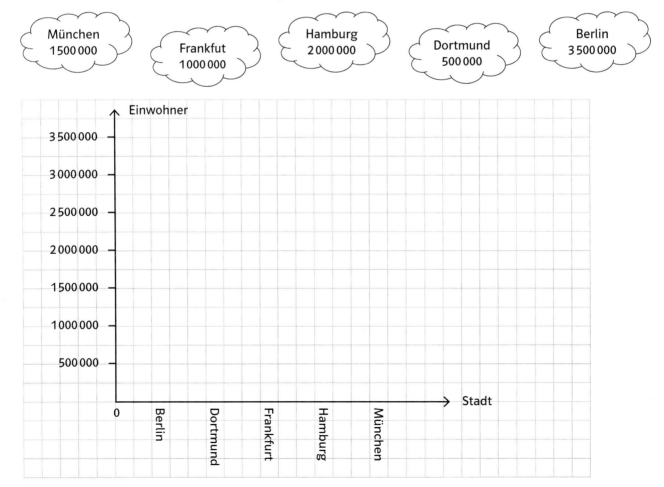

5. Klasse

**❸ Runde ...**

a) ... auf volle Euro.

87,32 € ≈ _____ €

13,97 € ≈ _____ €

899,51 € ≈ _____ €

b) ... auf Hunderttausender.

250 000 ≈ _____

1 370 000 ≈ _____

999 009 ≈ _____

c) ... auf Millionen.

978 650 ≈ _____

45 450 054 ≈ _____

3 999 900 ≈ _____

**❹ Schreibe ...**

a) ... mit römischen Zahlzeichen.

49 ➡ _____

113 ➡ _____

3 587 ➡ _____

b) ... mit arabischen Ziffern.

XC ➡ _____

IM ➡ _____

DCLXVI ➡ _____

**❺ Schreibe das Jahr in römischer Zahlschreibweise.**

Jacqueline wurde im Jahr 1996 geboren.

➡ _____

**Viel Erfolg!**

| Aufgabe | 1 | 2 | 3 | 4 | 5 | Ø |
|---|---|---|---|---|---|---|
| mögliche Punkte | | | | | | |
| erreichte Punkte | | | | | | |

**❶ Addiere schriftlich.**

**a)** 26 + 135 + 3 708

**b)** 4 135 + 207 + 72 727

**❷ Subtrahiere schriftlich.**

**a)** 1234 – 520 – 11

**b)** 8 054 – 1 032 – 6 712

**❸ Bea will sich ein neues Handy für 849 Euro kaufen.**
**Sie hat schon 350 Euro gespart.**
**Berechne schriftlich, wie viel Euro ihr noch fehlen.**

**❹ Ordne die Begriffe den entsprechenden Zahlen zu.**

| 450 | – | 20 | = | 430 |
|---|---|---|---|---|

| Differenz | Minuend | Subtrahend |
|---|---|---|

| 70 | + | 190 | = | 260 |
|---|---|---|---|---|

| Summe | Summand | Summand |
|---|---|---|

**5** Fülle die Zahlenmauer aus.

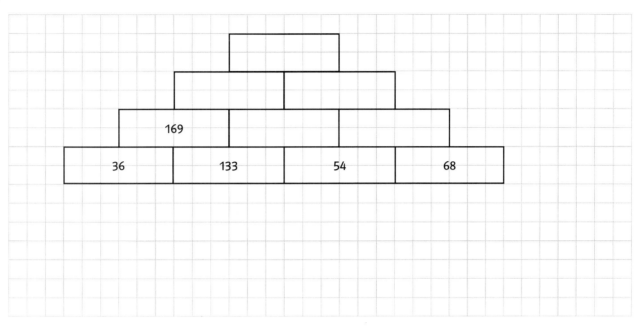

**6** Setze die fehlenden Zahlen ein.

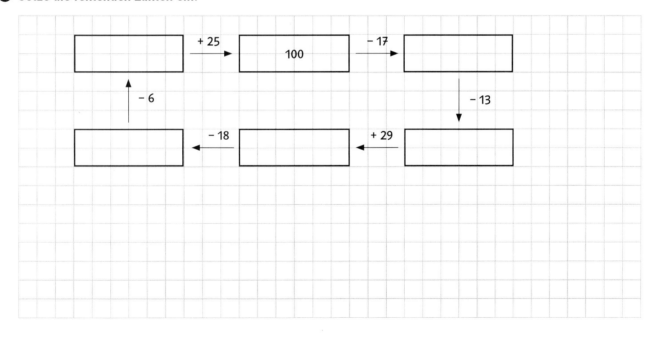

## Viel Erfolg!

| Aufgabe | 1 | 2 | 3 | 4 | 5 | 6 | Ø |
|---|---|---|---|---|---|---|---|
| mögliche Punkte | | | | | | | |
| erreichte Punkte | | | | | | | |

**❶ Addiere schriftlich.**

a) 4 135 + 207 + 72 727

b) 123 456 + 52 084 + 914 900 + 46

**❷ Subtrahiere schriftlich.**

a) 8 054 − 1 032 − 6 712

b) 12 304 − 4 858 − 3 216 − 1040

**❸ Julian möchte sich einen neuen Fernseher für 997 Euro kaufen.**
**Er hat schon 229 Euro gespart.**
**Zum Geburtstag bekommt er 150 Euro von seiner Oma und 75 Euro von seinem Onkel.**
**Berechne, wie viel Euro ihm noch fehlen.**

**❹ Beantworte die Fragen.**

a) Was ist eine Summe?

_____

b) Woraus ergibt sich eine Differenz?

_____ − _____ = Differenz

5. Klasse

**❺** **Die Grafik zeigt die Einwohnerzahlen pro Kontinent.**
**Bestimme die Anzahl der Weltbevölkerung.**

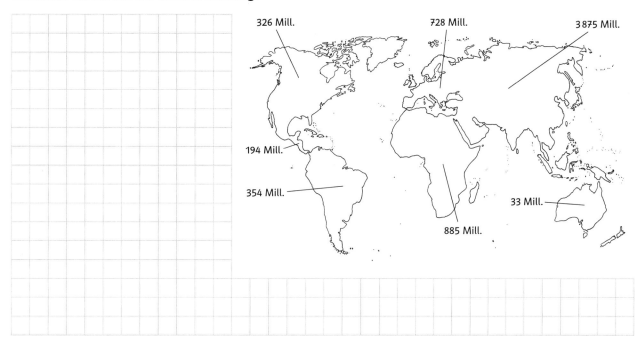

**❻** **Notiere die Rechnung und berechne dann.**

a) Die Summe von 379 und 497. _____

b) Die Differenz von 724 und 396. _____

c) Die Summanden sind 26, 1985 und 12. _____

d) Der Minuend ist 444 und der Subtrahend ist 276. _____

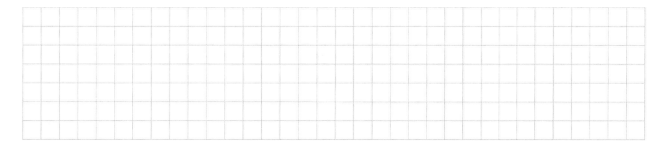

**Viel Erfolg!**

| Aufgabe | 1 | 2 | 3 | 4 | 5 | 6 | Ø |
|---|---|---|---|---|---|---|---|
| **mögliche Punkte** | | | | | | | |
| **erreichte Punkte** | | | | | | | |

**❶ Multipliziere schriftlich.**

**a)** 416 • 5        **b)** 24 • 37        **c)** 803 • 413

**❷ Dividiere schriftlich.**

**a)** 819 : 7        **b)** 2 268 : 6        **c)** 8 845 : 5

**❸ Ordne die Begriffe den entsprechenden Zahlen zu.**

96     :     8     =     12

| Divisor | Quotient | Dividend |

25     •     11     =     275

| Faktor | Produkt | Faktor |

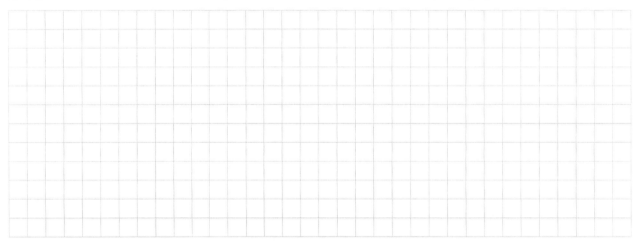

**4** **Schreibe die fehlenden Zahlen in die Lücken.**

a) _____ : 7 = 15

b) 147 : _____ = 21

c) 23 • _____ = 184

**5** **Neun Jeans kosten zusammen 783 Euro. Wie viel kostet eine Hose? Berechne schriftlich.**

**6** **Marco hat sich bei einem Onlineshop Anziehsachen bestellt. Ermittle den Gesamtbetrag.**

| Artikel | Anzahl | Einzelpreis | Gesamtpreis |
|---|---|---|---|
| T-Shirt | 5 | 8 € | |
| Pullover | 3 | 21 € | |
| Jogginghose | 2 | 17 € | |

| | |
|---|---|
| **Gesamtbetrag:** | |

## Viel Erfolg!

| Aufgabe | 1 | 2 | 3 | 4 | 5 | 6 | Ø |
|---|---|---|---|---|---|---|---|
| **mögliche Punkte** | | | | | | | |
| **erreichte Punkte** | | | | | | | |

**❶ Multipliziere schriftlich.**

a) 8 109 • 7       b) 34 • 123       c) 9 184 • 74

**❷ Dividiere schriftlich.**

a) 894 : 6       b) 2 849 : 7       c) 5 685 : 15

**❸ Schreibe die passenden Begriffe in die Lücken.**

| Faktor | • | | = | |

| | : | | = | Quotient |

**4** Berechne schriftlich.

**a)** Multipliziert man eine Zahl mit 13, so erhält man 234. Wie heißt die Zahl?

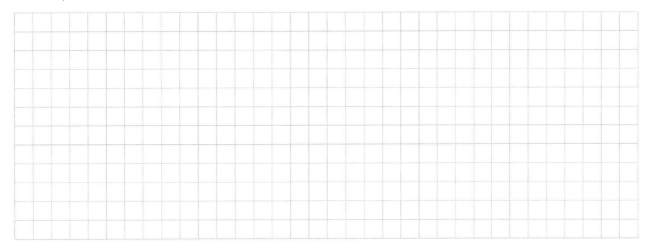

**b)** Multipliziert man eine Zahl mit 27, so erhält man 648. Wie heißt die Zahl?

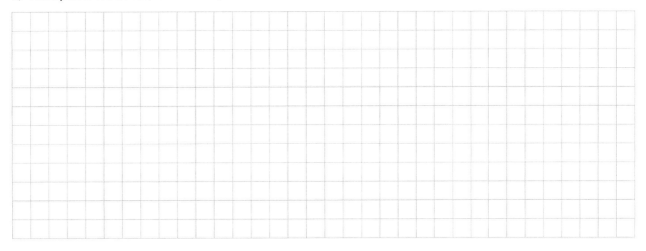

**5** Familie Petersen bezahlt den neuen Fernseher in neun Monatsraten zu je 109 Euro ab.
Wie viel Euro werden insgesamt bezahlt? Berechne schriftlich.

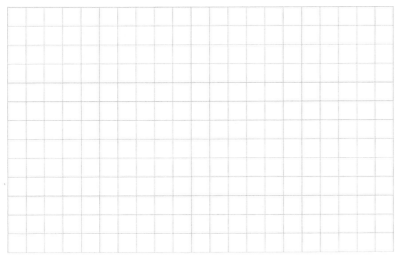

**6** Frau Müller arbeitet als Verkäuferin in einer Bäckerei.
Sie hat eine Liste mit den verkauften Backwaren angefertigt.
Ermittle die Gesamteinnahmen.

| Anzahl | Backware | Einzelpreis | Einnahmen |
|---|---|---|---|
| 16 | Roggenbrot | 4,00 Euro | |
| 13 | Croissant | 2,00 Euro | |
| 4 | Brezel | 1,50 Euro | |
| 10 | Käsebrötchen | 0,50 Euro | |

| Gesamteinnahmen: | |
|---|---|

## Viel Erfolg!

| Aufgabe | 1 | 2 | 3 | 4 | 5 | 6 | Ø |
|---|---|---|---|---|---|---|---|
| mögliche Punkte | | | | | | | |
| errreichte Punkte | | | | | | | |

**❶ Schreibe die passenden Begriffe in die Lücken.**

| Klammern | Punktrechnung | Innere |

| äußere | Strichrechnung |

a) _____ geht vor _____ .

b) Was in _____ steht, wird zuerst berechnet.

c) _____ Klammer geht vor _____ Klammer.

**❷ Gibt es diese Rechengesetze? Kreuze an.**

☐ Vertauschungsgesetz      ☐ Mischmaschgesetz      ☐ Zurücknahmegesetz

☐ Verbindungsgesetz       ☐ Verteilungsgesetz     ☐ Auflösegesetz

**❸ Berechne schriftlich.**

a) $4 \cdot 3 + 1$

b) $13 + 2 \cdot 6 + 1$

c) $(2 + 4) \cdot 5$

d) $5 \cdot 2 - 10 : 5$

e) $[26 : 13 + (5 + 1) \cdot 3] \cdot 2$

**4** Fülle die Lücken aus, sodass wahre Aussagen entstehen.

a) $4 \cdot (8 + \underline{\phantom{xxx}}) = 100$

b) $(31 + 69) \cdot \underline{\phantom{xxx}} = 200$

c) $54 : 9 - \underline{\phantom{xxx}} = 4$

d) $3 \cdot (\underline{\phantom{xxx}} - 17) = 30$

**5** Marco bestellt bei einem Imbiss. Berechne, was er zahlen muss.

Ich hätte gerne
drei Cheeseburger,
eine Cola
und zwei Eis.

**Preise:**

| | |
|---|---|
| Hamburger | 1,50 € |
| Cheeseburger | 2,00 € |
| Pommes | 1,70 € |
| Cola | 1,60 € |
| Eis | 1,40 € |

**6** Setze Klammern, sodass wahre Aussagen entstehen.

a) $4 + 6 \cdot 2 = 20$

b) $30 + 20 : 5 = 10$

## Viel Erfolg!

| Aufgabe | 1 | 2 | 3 | 4 | 5 | 6 | Ø |
|---|---|---|---|---|---|---|---|
| mögliche Punkte | | | | | | | |
| erreichte Punkte | | | | | | | |

❶ **Notiere drei Regeln für die Reihenfolge beim Berechnen von Rechenausdrücken.**

_____

_____

_____

❷ **Verbinde die gleichen Rechengesetze.**

Verteilungsgesetz

Vertauschungsgesetz

Verbindungsgesetz

Kommutativgesetz

Distributivgesetz

Assoziativgesetz

❸ **Berechne.**

**a)** $5 \cdot 7 + 3 \cdot 4$

**b)** $20 + 3 \cdot 4 + 16$

**c)** $(3 + 4) \cdot 9 - 18$

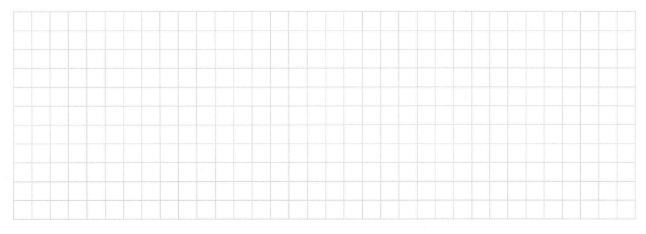

**d)** $3 \cdot 6 - 12 : 4$

**e)** $31 - 55 : 11$

**f)** $36 + [21 - (24 - 17) + 25] - 66$

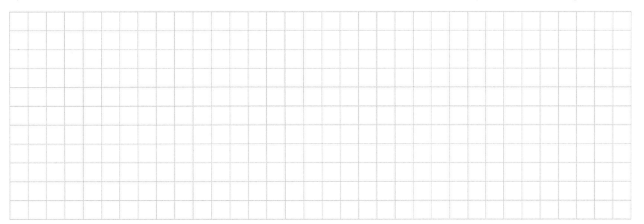

**4** Setze Klammern, sodass wahre Aussagen entstehen.

a)  3 + 9 • 2 = 24

b)  20 + 40 : 5 = 12

c)  24 − 4 • 5 − 50 : 7 + 3 = 95

**5** Berechne.

a)  6 • 5 + _____ = 40

b)  24 + 4 • _____ = 60

c)  3 • (18 + _____ ) = 75

**6** Khalil hat Geburtstag und möchte mit seinen Freunden ins Kino gehen.
Drei seiner Freunde sind älter als 14 Jahre und fünf sind jünger als 14 Jahre.
Wie viel Euro muss Khalil für den Eintritt seiner Freunde bezahlen?
Berechne schriftlich.

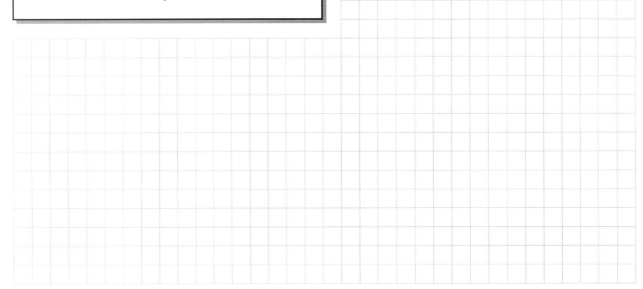

Ball Kino

Eintrittspreise

Kinder (unter 14 Jahren):      6,00 €
Erwachsene (ab 14 Jahren):   7,50 €

**Viel Erfolg!**

| Aufgabe | 1 | 2 | 3 | 4 | 5 | 6 | Ø |
|---|---|---|---|---|---|---|---|
| mögliche Punkte | | | | | | | |
| erreichte Punkte | | | | | | | |

❶ **Ordne den Gewichten die Gegenstände zu.**

| 1 t | 1 kg | 10 g | 10 kg |

❷ **Verbinde die passenden Angaben.**

| 1,65 € | 1650 Cent | 65 Cent | 0,16 € |

| 16,50 € | 0,65 Cent | 16 Cent | 165 Cent |

❸ **Stimmt's? Kreuze an.**

|  | richtig | falsch |
|---|---|---|
| 5 000 g = 5 kg | ☐ | ☐ |
| 3,5 kg = 35 000 g | ☐ | ☐ |
| 1,5 t = 150 kg | ☐ | ☐ |
| 11 kg = 11 000 g | ☐ | ☐ |
| 7 000 mg = 7 g | ☐ | ☐ |

**4** Wie viel Gramm fehlen noch bis zu einem Kilogramm?

a)  750 g + _____ = 1 kg

b)  10 g + _____ = 1 kg

c)  0,500 kg + _____ = 1 kg

d)  1000 g + _____ = 1 kg

**5** Wie viel Kilogramm wiegen die Gewichtsstücke insgesamt?

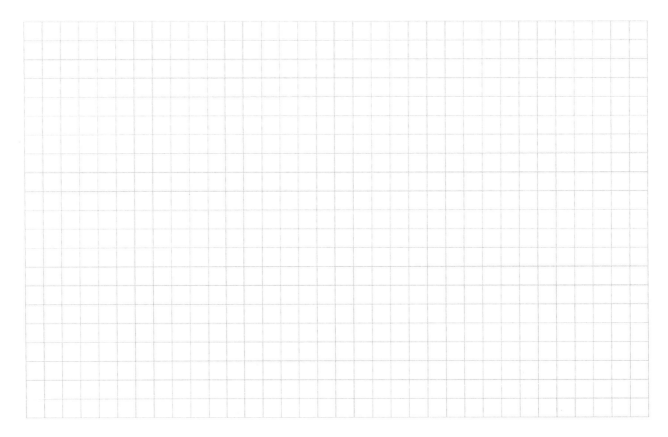

**Viel Erfolg!**

| Aufgabe | 1 | 2 | 3 | 4 | 5 | Ø |
|---|---|---|---|---|---|---|
| mögliche Punkte | | | | | | |
| erreichte Punkte | | | | | | |

5. Klasse

❶ **Wandle in die angegebene Einheit um.**

a)  14 € = _____ Cent

b)  780 Cent = _____ €

c)  1278 Cent = _____ €

d)  65 Cent = _____ €

❷ **Wandle in die angegebene Einheit um.**

a)  9 000 g = _____ kg

b)  12 kg = _____ g

c)  4 t = _____ kg

d)  35 136 mg = _____ g

❸ **Wie viel Gramm fehlen noch bis zu einem Kilogramm?**

a)  746 g + _____ = 1 kg

b)  0,593 kg + _____ = 1 kg

c)  99 g + _____ = 1 kg

d)  0,923 kg + _____ = 1 kg

❹ **Frau Petersen geht einkaufen. In ihrer Einkaufstasche sind 2 kg Mehl, 3 kg Orangen, eine Flasche Limonade zu 800 g, drei Päckchen Nudeln zu je 250 g und drei Dosen zu je 590 g. Berechne schriftlich, wie viel Kilogramm der Inhalt der Einkaufstasche von Frau Petersen wiegt.**

**5** Kevin soll für seine Mutter auf dem Markt 3 kg Äpfel, 2 kg Karotten und 4 kg Kartoffeln einkaufen gehen.
Er hat von seiner Mutter 20 Euro bekommen.
Wie viel Euro bringt Kevin wieder mit nach Hause?

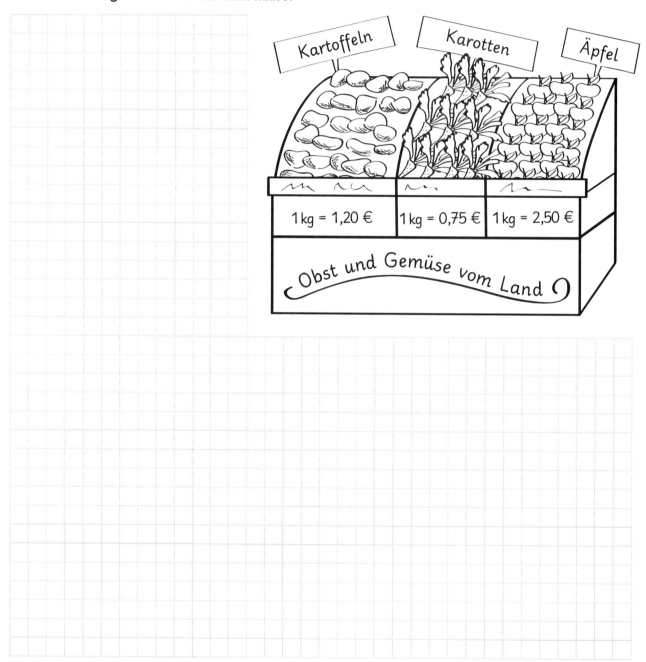

Kartoffeln  Karotten  Äpfel

1 kg = 1,20 €   1 kg = 0,75 €   1 kg = 2,50 €

Obst und Gemüse vom Land

**Viel Erfolg!**

| Aufgabe | 1 | 2 | 3 | 4 | 5 | Ø |
|---|---|---|---|---|---|---|
| mögliche Punkte | | | | | | |
| erreichte Punkte | | | | | | |

**❶ Setze ein.**

1 Woche hat _____ Tage. 1 Tag hat _____ Stunden.

1 Stunde hat _____ Minuten. 1 Minute hat _____ Sekunden.

3 Tage sind _____ Stunden. 96 Stunden sind _____ Tage.

**❷ Wandle in die kleinere Zeiteinheit um.**

a) 7 min 26 s = _____

b) 20 h 34 min = _____

c) 2 d 13 h = _____

d) 11 min 5 s = _____

**❸ Charlie fliegt von Frankfurt nach Amsterdam. Das Flugzeug startet um 11:21 Uhr.**
**Der Flug dauert 85 Minuten. Wann landet Charlie in Amsterdam? Berechne schriftlich.**

➡ Charlie landet um _____ Uhr in Amsterdam.

**❹ Trage in die Tabelle ein.**

a) 1 m 3 dm     b) 25 m 2 mm     c) 15 km 125 m     d) 73 mm

| km | | | m | | | | | |
|---|---|---|---|---|---|---|---|---|
| H | Z | E | H | Z | E | dm | cm | mm |
| | | | | | | | | |
| | | | | | | | | |
| | | | | | | | | |
| | | | | | | | | |

**5** Richtig oder falsch? Kreuze an.

| | | | richtig | falsch |
|---|---|---|---|---|
| 2 m 3 cm | = | 23 cm | ☐ | ☐ |
| 4 dm 5 cm | = | 45 cm | ☐ | ☐ |
| 7 km 9 m | = | 7 009 m | ☐ | ☐ |
| 635 m | = | 6 km 35 m | ☐ | ☐ |

**6** Eloy steht um 6:30 Uhr auf. Er geht direkt ins Bad.
Im Bad braucht er 17 Minuten.
Danach frühstückt er 13 Minuten lang.
Dann verlässt er das Haus und geht zur Schule.
Wann verlässt er das Haus? Berechne.

➡ Eloy verlässt um _____ Uhr das Haus.

## Viel Erfolg!

| Aufgabe | 1 | 2 | 3 | 4 | 5 | 6 | Ø |
|---|---|---|---|---|---|---|---|
| mögliche Punkte | | | | | | | |
| erreichte Punkte | | | | | | | |

**1** Trage in die Tabelle ein.

a) 3 km 138 m

b) 8 m 56 cm

c) 3 m 50 cm

d) 3,263 km

e) 7,5 m

f) 78 mm

| km | | | m | | | | | |
|---|---|---|---|---|---|---|---|---|
| H | Z | E | H | Z | E | dm | cm | mm |
| | | | | | | | | |
| | | | | | | | | |
| | | | | | | | | |
| | | | | | | | | |
| | | | | | | | | |
| | | | | | | | | |

**2** Ergänze die fehlenden Angaben.

a) 2,53 m = 253 _____

b) 7 m 6 cm = _____ cm

c) 34 _____ 6 _____ = 34,6 dm

d) 0,58 km = _____ m

e) _____ cm = 8 cm 7 mm

f) 82,5 _____ = 82 m 5 _____

**3** Vervollständige die Zeitangaben.

| **Anfang** | 14:20 Uhr | 5:05 Uhr | 17:49 Uhr | 10:35 Uhr | |
|---|---|---|---|---|---|
| **Ende** | 15:15 Uhr | 6:40 Uhr | 20:15 Uhr | | 18:00 Uhr |
| **Zeitdauer** | | | | 2 h 17 min | 1 h 59 min |

**4** Ein Automotor macht in einer Minute 4 800 Umdrehungen.
Wie viele Umdrehungen sind es in einer Stunde? Berechne.

**5** Jacqueline läuft um 15:20 Uhr an der Schule los.
Sie läuft in 11 Minuten 750 Meter bis zum Bäcker.
Dann geht sie in 18 Minuten 1,2 Kilometer bis zur Bushaltestelle.
Berechne, wann Jacqueline an der Bushaltestelle ankommt und wie viele Meter sie von der Schule
bis zur Bushaltestelle gelaufen ist.

➡ Jacqueline kommt um _____ Uhr an der Bushaltestelle an.

➡ Sie ist von der Schule bis zur Bushaltestelle _____ Meter gelaufen.

## Viel Erfolg!

| Aufgabe | 1 | 2 | 3 | 4 | 5 | Ø |
|---------|---|---|---|---|---|---|
| mögliche Punkte | | | | | | |
| erreichte Punkte | | | | | | |

5. Klasse

**❶ Stimmt's? Kreuze an.**

|  | richtig | falsch |
|---|---|---|
| 9 kg 3 g = 930 g | ☐ | ☐ |
| 179 cm = 1 m 79 cm | ☐ | ☐ |
| 1 h 28 min = 78 min | ☐ | ☐ |

**❷ Setze das entsprechende Relationszeichen (<, >, =) ein.**

**a)** 70 cm _____ 17 dm    **b)** 3 h _____ 169 min    **c)** 3 000 g _____ 3 kg

**❸ Ordne der Größe nach.**

**a)** Beginne mit der kleinsten Größe.

726 m          3 000 cm          1 km 7 m          1 070 m          30 dm

_____

**b)** Beginne mit der größten Angabe.

7 000 kg          4 t 20 kg          1 001 g          1 kg          4 500 kg

_____

**❹ Verbinde mit der richtigen Maßeinheit.**

| t | kg | g | mg |
|---|---|---|---|

## Viel Erfolg!

| Aufgabe | 1 | 2 | 3 | 4 | Ø |
|---|---|---|---|---|---|
| mögliche Punkte |  |  |  |  |  |
| erreichte Punkte |  |  |  |  |  |

**❶ Schreibe die Maßzahlen in die Lücken.**

a) _____ mg = 1 g

b) 1000 kg = _____ t

c) 1 d = _____ min

d) 3 600 s = _____ h

e) _____ mm = 1 dm

f) 1 km = _____ dm

**❷ Setze das entsprechende Relationszeichen (<, >, =) ein.**

a) 15 t 5 kg _____ 15 050 kg

b) 2 h 21 min _____ 181 min

c) 700 cm _____ 69 dm 5 cm

d) 3 540 Cent _____ 35,40 €

e) 9 500 g _____ 9 kg 490 g

**❸ Ordne der Größe nach.**

a) Beginne mit der kleinsten Größe.

7 000 kg        4 t 20 kg        1001 g        1 kg        4 500 kg        4 700 g

_____

b) Beginne mit der größten Angabe.

6 min        540 s        1 d 2 h        25 h        1561 min        330 s

_____

**❹ Frederic geht um 17:49 Uhr zum Fußballtraining. Er läuft von zu Hause aus 17 Minuten bis zum Sportplatz. Das Training dauert 90 Minuten. Er läuft nach dem Training direkt nach Hause. Wann ist er wieder zu Hause? Berechne.**

➜ Frederic kommt um _____ Uhr wieder zu Hause an.

## Viel Erfolg!

| Aufgabe | 1 | 2 | 3 | 4 | Ø |
|---|---|---|---|---|---|
| mögliche Punkte | | | | | |
| erreichte Punkte | | | | | |

5. Klasse

**❶ Vervollständige den Lückentext.**

Die Strecke hat _____ Anfang und _____ Ende.

Die Gerade hat _____ Anfang und _____ Ende.

Die Halbgerade hat _____ Anfang und _____ Ende.

**❷ Miss die Länge der Strecken und schreibe in die Kästchen.**

a)

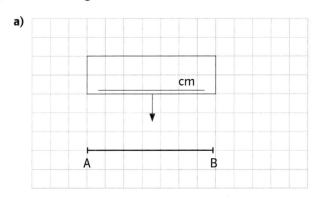

b)

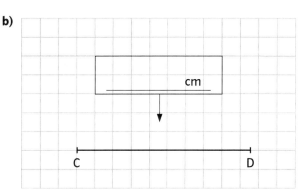

**❸ Beschrifte das Koordinatensystem.**
**Verwende die Begriffe: *Rechtsachse, Punkt, Hochachse.***

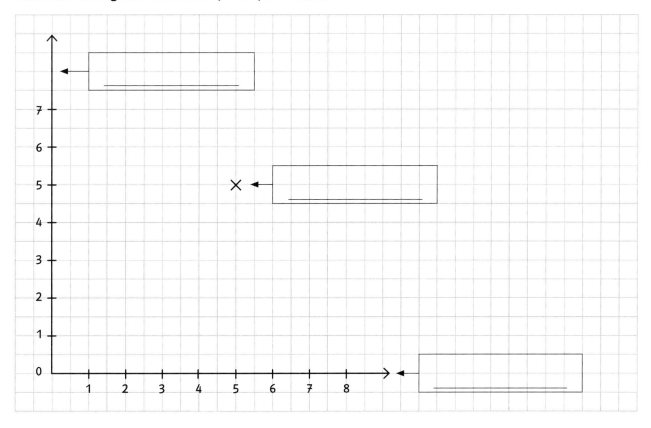

❹ **Trage die Punkte in das Koordinatensystem ein.**

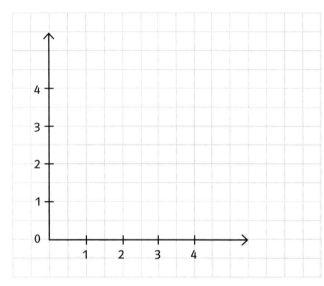

**A** (1 | 1)

**B** (4 | 1)

**C** (4 | 3)

**D** (2,5 | 0)

**E** (0 | 4)

**F** (3,5 | 2,5)

❺ **Zeichne ...**

**a)** ... eine beliebige Senkrechte zur Geraden $g$ (grün).

**b)** ... eine beliebige Parallele zur Geraden $g$ (blau).

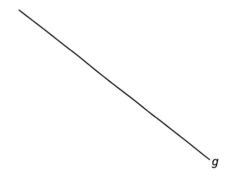

**Viel Erfolg!**

| Aufgabe | 1 | 2 | 3 | 4 | 5 | Ø |
|---|---|---|---|---|---|---|
| **mögliche Punkte** | | | | | | |
| **erreichte Punkte** | | | | | | |

5. Klasse

❶ **Gib die Eigenschaften von folgenden geometrischen Linien stichwortartig an.**

a) Strecke: _____

b) Halbgerade: _____

c) Gerade: _____

❷ **Zeichne die Strecken zwischen den zwei Punkten. Miss die Länge der jeweiligen Strecke.**

a)

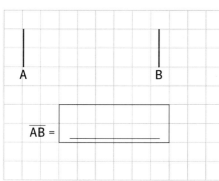

$\overline{AB}$ = _____

b)

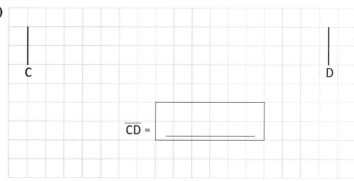

$\overline{CD}$ = _____

❸ **Beschrifte das Koordinatensystem.**

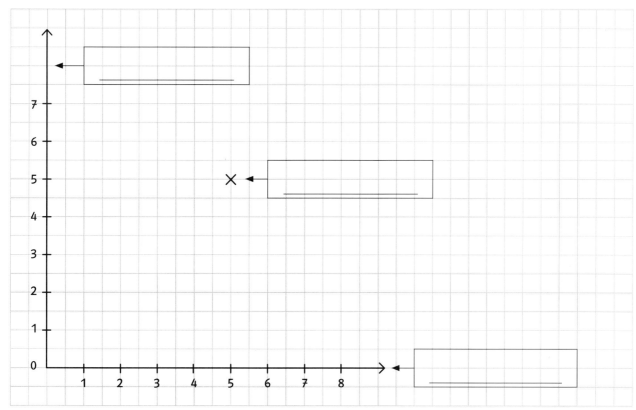

**4** Trage die Punkte in das Koordinatensystem ein.

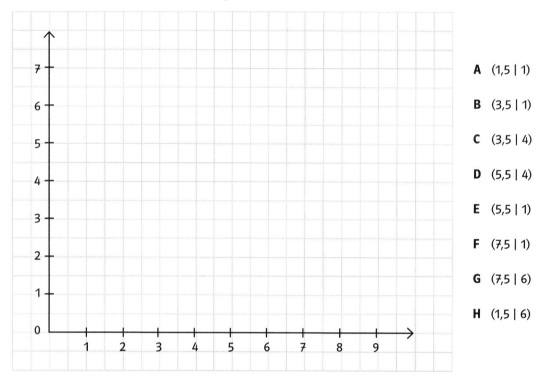

A  (1,5 | 1)

B  (3,5 | 1)

C  (3,5 | 4)

D  (5,5 | 4)

E  (5,5 | 1)

F  (7,5 | 1)

G  (7,5 | 6)

H  (1,5 | 6)

**5** Zeichne ...

a)  ... eine Senkrechte zur Geraden *a* durch den Punkt *B* (grün).

b)  ... eine Parallele zur Geraden *a* durch den Punkt *B* (blau).

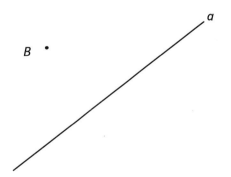

## Viel Erfolg!

| Aufgabe | 1 | 2 | 3 | 4 | 5 | Ø |
|---|---|---|---|---|---|---|
| **mögliche Punkte** | | | | | | |
| **erreichte Punkte** | | | | | | |

**❶ Um welches Viereck handelt es sich. Kreuze an.**

| | Rechteck | Quadrat | Raute |
|---|---|---|---|
| ☐ Quadrat-Bild | ☐ | ☐ | ☐ |
| ☐ Rechteck-Bild | ☐ | ☐ | ☐ |

**❷ Vervollständige den Lückentext.**

Bei der Raute sind alle _____ gleich lang.

Ein Quadrat hat _____ rechte Winkel.

Beim Rechteck sind einander gegenüberliegende Seiten _____ zueinander.

**❸ Bestimme den Umfang $u$ des Parallelogramms.**

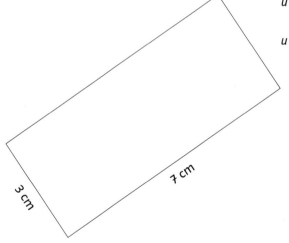

$u = $ _____ + _____ + _____ + _____

$u = $ _____

3 cm

7 cm

## Viel Erfolg!

| Aufgabe | 1 | 2 | 3 | Ø |
|---|---|---|---|---|
| mögliche Punkte | | | | |
| erreichte Punkte | | | | |

**1** Kreuze an, was zutrifft.

| | vier rechte Winkel | alle Seiten sind gleich lang |
|---|:---:|:---:|
| **Rechteck** | ☐ | ☐ |
| **Quadrat** | ☐ | ☐ |
| **Parallelogramm** | ☐ | ☐ |
| **Raute** | ☐ | ☐ |

**2** Schreibe die Begriffe *Summe, Rechtecks, Seitenlängen* passend in die Lücken.

Der Umfang $u$ eines _____ ist die _____

aller vier _____ .

**3** Zeichne ein Rechteck mit den Seitenlängen a = 4 cm und b = 6 cm.
Bestimme anschließend den Umfang $u$.

## Viel Erfolg!

| Aufgabe | 1 | 2 | 3 | Ø |
|---|---|---|---|---|
| **mögliche Punkte** | | | | |
| **erreichte Punkte** | | | | |

5. Klasse

**❶ Verbinde die passenden Angaben.**

| | |
|---|---|
| A = a • a = a² | Flächeninhalt eines Rechtecks. |
| A = a • b | Flächeninhalt eines Quadrats |

**❷ Bestimme den Flächeninhalt ...**

**a)** ... des Quadrats.

a = 4 cm

A = _____

A = _____ cm²

**b)** ... des Rechtecks.

a = 2 cm

b = 9 cm

A = _____

A = _____ cm²

**❸ Bestimme den gesamten Flächeninhalt der beiden Quadrate.**

a = 5 cm

A = _____ cm • _____ cm +

_____ cm • _____ cm

A = _____ cm² + _____ cm²

A = _____ cm²

## Viel Erfolg!

| Aufgabe | 1 | 2 | 3 | Ø |
|---|---|---|---|---|
| mögliche Punkte | | | | |
| erreichte Punkte | | | | |

❶ **Schreibe die entsprechende Formel auf.**

Flächeninhalt eines Quadrats:          A = _____

Flächeninhalt eines Rechtecks:          A = _____

❷ **Miss die Längen und notiere sie. Bestimme dann den Flächeninhalt.**

a)

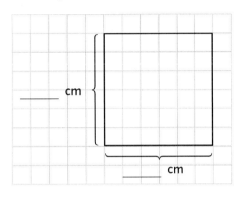

b)

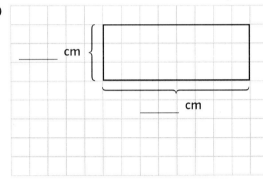

A = _____ • _____ = _____          A = _____ • _____ = _____

❸ **Bestimme den gesamten Flächeninhalt der abgebildeten gleichgroßen Quadrate.**

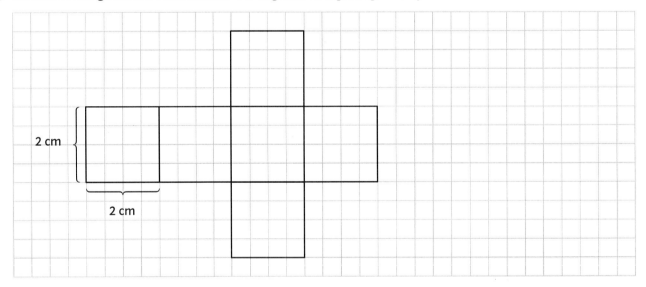

## Viel Erfolg!

| Aufgabe | 1 | 2 | 3 | Ø |
|---|---|---|---|---|
| **mögliche Punkte** | | | | |
| **erreichte Punkte** | | | | |

**❶ Kreuze richtig an.**

| ☐ Würfel | ☐ Würfel | ☐ Würfel | ☐ Würfel |
| ☐ Quader | ☐ Quader | ☐ Quader | ☐ Quader |
| ☐ Pyramide | ☐ Pyramide | ☐ Pyramide | ☐ Pyramide |

**❷ Welche Zeichnungen stellen Würfelnetze dar? Kreuze an.**

☐            ☐            ☐

**❸ Welche Zeichnungen stellen Quadernetze dar? Kreuze an.**

☐            ☐            ☐

## Viel Erfolg!

| Aufgabe | 1 | 2 | 3 | Ø |
|---|---|---|---|---|
| mögliche Punkte | | | | |
| erreichte Punkte | | | | |

**1** Nenne drei Beispiele, in denen die Form des Quaders auftritt.

_____

_____

**2** In einem Kasten liegen 30 gleich große Würfel.
Wie viele von ihnen muss man mindestens zusammensetzen, damit ein neuer, größerer Würfel entsteht?

_____

_____

**3** Yannik will aus Draht das Kantenmodell eines Würfels bauen.
Wie viel Draht wird benötigt, wenn eine Kante 12 cm lang sein soll?

_____

_____

**4** Welche der Zeichnungen stellen Würfelnetze dar? Kreuze an.

a) ☐

b) ☐

c) ☐

## Viel Erfolg!

| Aufgabe | 1 | 2 | 3 | 4 | Ø |
|---|---|---|---|---|---|
| mögliche Punkte | | | | | |
| erreichte Punkte | | | | | |

5. Klasse

**❶ Kreuze den richtigen Namen des Körpers an.**

| ☐ Quader | ☐ Quader | ☐ Quader | ☐ Quader |
| ☐ Zylinder | ☐ Zylinder | ☐ Zylinder | ☐ Zylinder |
| ☐ Kegel | ☐ Kegel | ☐ Kegel | ☐ Kegel |
| ☐ Pyramide | ☐ Pyramide | ☐ Pyramide | ☐ Pyramide |

**❷ Wie viele Ecken und wie viele Kanten hat ein Würfel?**

Ecken: _____     Kanten: _____

*Bei diesem Körper denke ich immer an einen Fußball.*

**❸ Patrick hat ein Rätsel.**

➡ Patrick denkt an eine _____ .

**❹ Hier siehst du zwei Körpernetze. Schreibe den Namen des Körpers auf.**

_____     _____

## Viel Erfolg!

| Aufgabe | 1 | 2 | 3 | 4 | Ø |
|---|---|---|---|---|---|
| mögliche Punkte | | | | | |
| erreichte Punkte | | | | | |

| Lernzielkontrolle (B) | Datum: _____ |
|---|---|
| **Thema: Geometrische Körper II** | Name: _____ |

**❶ Gib die Namen der folgenden Körper an.**

a)  b)  c)  d)

_____   _____   _____   _____

**❷ Wie heißt der Körper?**

a) Seine Seiten sind alle gleich lang. Die Seiten stehen senkrecht aufeinander.

_____

b) Dieser Körper besitzt weder Kanten noch Ecken.

_____

**❸ Schreibe die richtigen Zahlen in die Lücken.**

Quader und Würfel haben jeweils _____ Ecken und _____ Kanten.

An jeder Ecke stoßen _____ Kanten zusammen.

**❹ Hier siehst du zwei Körpernetze. Schreibe den Namen des Körpers in das Kästchen.**

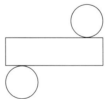

_____        _____

## Viel Erfolg!

| Aufgabe | 1 | 2 | 3 | 4 | Ø |
|---|---|---|---|---|---|
| **mögliche Punkte** | | | | | |
| **erreichte Punkte** | | | | | |

5. Klasse

**❶ Kreuze die richtige Antwort an.**

a) 4 ist Teiler von 32. ➡ ☐ ja ☐ nein

b) 8 ist Teiler von 31. ➡ ☐ ja ☐ nein

c) 5 ist Teiler von 70. ➡ ☐ ja ☐ nein

d) 9 ist Teiler von 108. ➡ ☐ ja ☐ nein

e) 10 ist Teiler von 555. ➡ ☐ ja ☐ nein

f) 25 ist Teiler von 525. ➡ ☐ ja ☐ nein

**❷ Beantworte die Fragen. Schreibe in die Lücken.**

a) Die Abkürzung für *größter gemeinsamer Teiler* lautet _____.

b) Die Abkürzung für *kleinstes gemeinsames Vielfaches* lautet _____.

**❸ Notiere die gesuchten Zahlen.**

a) Suche die Zahlen heraus, die durch 4 teilbar sind.

66 – 434 – 42 – 280 – 75 _____

b) Suche die Zahlen heraus, die durch 3 teilbar sind.

19 – 372 – 1008 – 713 – 75 _____

c) Suche die Zahlen heraus, die durch 25 teilbar sind.

75 – 1250 – 90 – 6300 – 280 _____

d) Suche die Zahlen heraus, die durch 9 teilbar sind.

96 – 675 – 2790 – 18900 _____

**❹ Bestimme den ggT (5; 15) und das kgV (10; 20).**

**5** Schreibe die Wörter richtig in die Lücken.

| Zahl | Teilern | natürliche | zwei |
| --- | --- | --- | --- |

Jede _____ _____ mit genau

_____ _____ heißt Primzahl.

**6** Markiere die Primzahlen in der Zahlenreihe.

| 0 | 1 | 2 | 3 | 4 | 5 | 6 | 7 | 8 | 9 | 10 |
| --- | --- | --- | --- | --- | --- | --- | --- | --- | --- | --- |

| 11 | 12 | 13 | 14 | 15 | 16 | 17 | 18 | 19 | 20 | 21 |
| --- | --- | --- | --- | --- | --- | --- | --- | --- | --- | --- |

**7** Vom Dortmunder Hauptbahnhof fährt alle 3 Minuten ein Bus und alle 9 Minuten ein Zug ab. Nach wie vielen Minuten fahren ein Zug und ein Bus gleichzeitig ab?

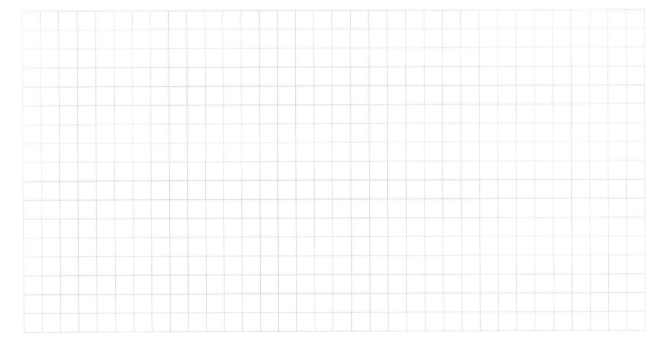

## Viel Erfolg!

| Aufgabe | 1 | 2 | 3 | 4 | 5 | 6 | 7 | Ø |
| --- | --- | --- | --- | --- | --- | --- | --- | --- |
| mögliche Punkte | | | | | | | | |
| erreichte Punkte | | | | | | | | |

6. Klasse

© Persen Verlag

**❶ Kreuze an, ob die Zahlen durch 2, 3, 5, 9, 10 oder 25 teilbar sind.**

| teilbar durch | 2 | 3 | 5 | 9 | 10 | 25 |
|---|---|---|---|---|---|---|
| 96 | ☐ | ☐ | ☐ | ☐ | ☐ | ☐ |
| 675 | ☐ | ☐ | ☐ | ☐ | ☐ | ☐ |
| 2790 | ☐ | ☐ | ☐ | ☐ | ☐ | ☐ |
| 18900 | ☐ | ☐ | ☐ | ☐ | ☐ | ☐ |
| 7341 | ☐ | ☐ | ☐ | ☐ | ☐ | ☐ |

**❷ Gib an, ob es sich um wahre (w) oder falsche (f) Aussagen handelt.**

a) 5 ist Teiler von 43. _____

b) 8 ist Teiler von 4. _____

c) 7 ist Teiler von 21. _____

d) 52 ist nicht Vielfaches von 13. _____

e) 24 ist Vielfaches von 6. _____

f) 32 ist Vielfaches von 4. _____

g) 4 ist Teiler von 1132. _____

h) 9 ist Teiler von 5859. _____

**❸ Beantworte die Fragen.**

a) Für was steht die Abkürzung kgV? _____

b) Für was steht die Abkürzung ggT? _____

**❹ Bestimme den ggT bzw. das kgV.**

a) ggT (6; 18), kgV (20; 30)

b) ggT (5; 10; 15; 20; 55), kgV (4; 7; 14; 28)

**5** Nenne alle Primzahlen zwischen 20 und 40.

_____

**6** Zerlege diese Zahlen in ihre Primfaktoren.

**a)** 12 = _____

**b)** 18 = _____

**c)** 30 = _____

**7** Vom Frankfurter Hauptbahnhof fährt alle 4 Minuten ein Bus und alle 6 Minuten ein Zug ab.
Nach wie vielen Minuten fahren ein Zug und ein Bus gleichzeitig ab?

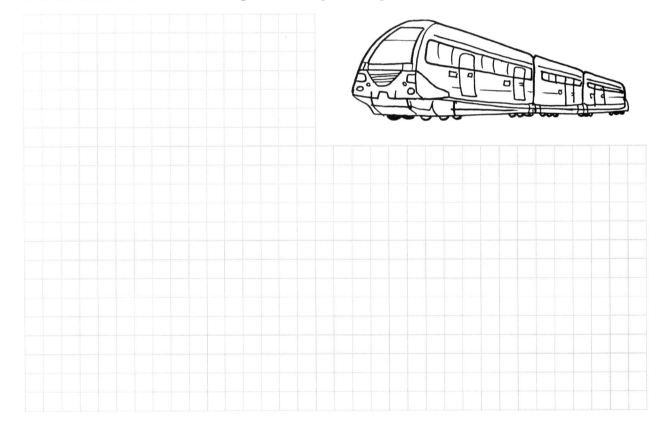

## Viel Erfolg!

| Aufgabe | 1 | 2 | 3 | 4 | 5 | 6 | 7 | Ø |
|---|---|---|---|---|---|---|---|---|
| mögliche Punkte | | | | | | | | |
| erreichte Punkte | | | | | | | | |

6. Klasse

**❶ Welcher Bruch wird durch die graue Fläche dargestellt? Schreibe in die Kästchen.**

a)
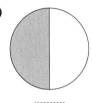

b)
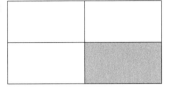

c)

d)
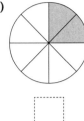

e)

f)

g)

h)

**❷ Fülle mit einem Buntstift entsprechend der angegebenen Brüche aus.**

a)
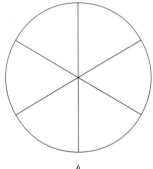

$\frac{4}{6}$

b)
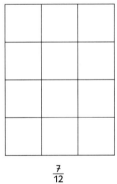

$\frac{7}{12}$

c)
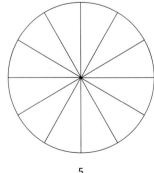

$\frac{5}{12}$

d)
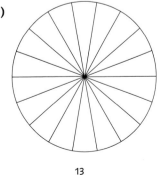

$\frac{13}{18}$

**❸** **Beschrifte den Bruch mit den Begriffen:** *Zähler, Nenner, Bruchstrich.*

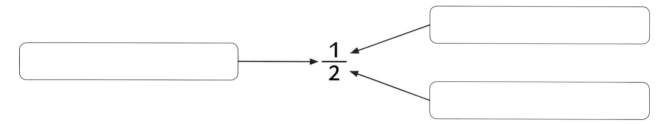

**❹** **Schreibe als gemischten Bruch.**

**a)** $\frac{10}{3} =$          **b)** $\frac{25}{4} =$          **c)** $\frac{55}{11} =$          **d)** $\frac{126}{12} =$

**❺** **Schreibe als unechten Bruch.**

**a)** $3\frac{1}{5} =$          **b)** $9\frac{1}{2} =$          **c)** $12\frac{5}{10} =$          **d)** $15\frac{1}{6} =$

**❻** **Erweitere diese Brüche auf den Nenner 24.**

**a)** $\frac{5}{12} =$          **b)** $\frac{2}{3} =$          **c)** $\frac{3}{4} =$          **d)** $\frac{1}{6} =$

**❼** **Kürze die Brüche vollständig.**

**a)** $\frac{9}{12} =$          **b)** $\frac{4}{20} =$          **c)** $\frac{8}{24} =$          **d)** $\frac{25}{75} =$

**❽** **Wandle in die angegebene Einheit um.**

**a)** $\frac{1}{2}$ kg = _____ g          **b)** $\frac{1}{4}$ kg = _____ g          **c)** $\frac{1}{1000}$ t = _____ kg

**❾** Die Klasse 6a hat 20 Schülerinnen und Schüler.
$\frac{4}{5}$ der Schülerinnen und Schüler haben ein Smartphone.
Wie viele Schülerinnen und Schüler haben ein Smartphone?

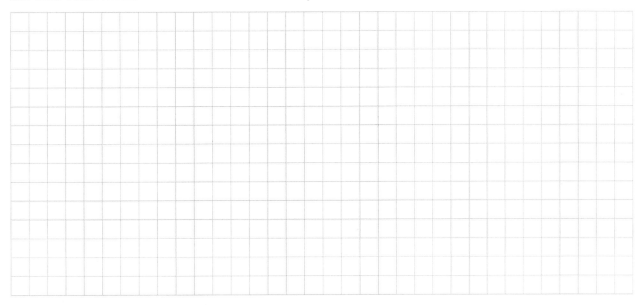

**❿** Vollmilchschokolade besteht zu $\frac{2}{5}$ aus Zucker.
Wie viel Gramm Zucker sind in Tims Schokolade?

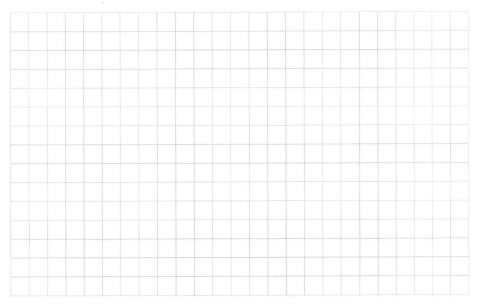

## Viel Erfolg!

| Aufgabe | 1 | 2 | 3 | 4 | 5 | 6 | 7 | 8 | 9 | 10 | Ø |
|---|---|---|---|---|---|---|---|---|---|---|---|
| mögliche Punkte | | | | | | | | | | | |
| erreichte Punkte | | | | | | | | | | | |

**❶ Welcher Bruch wird durch die graue Fläche dargestellt? Schreibe in die Kästchen.**

a)

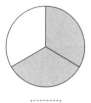

b)

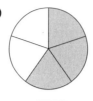

c)

d)

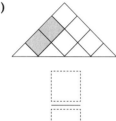

e)

f)

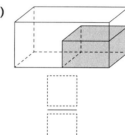

**❷ Beschrifte.**

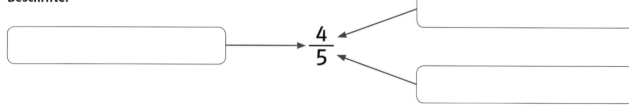

$$\frac{4}{5}$$

**❸ Schreibe als gemischten Bruch.**

a) $\frac{16}{3} =$

b) $\frac{28}{4} =$

c) $\frac{53}{18} =$

d) $\frac{126}{13} =$

e) $\frac{256}{24} =$

f) $\frac{337}{27} =$

**❹ Schreibe als unechten Bruch.**

a) $5\frac{1}{8} =$

b) $9\frac{3}{7} =$

c) $12\frac{7}{9} =$

d) $21\frac{4}{8} =$

e) $18\frac{3}{14} =$

f) $7\frac{16}{22} =$

**❺ Erweitere diese Brüche auf den Nenner 48.**

a) $\frac{5}{12} =$

b) $\frac{2}{3} =$

c) $\frac{3}{4} =$

d) $\frac{1}{6} =$

e) $\frac{3}{24} =$

**6** Kürze die Brüche vollständig.

a) $\frac{6}{12}$ =

b) $\frac{8}{40}$ =

c) $\frac{7}{56}$ =

d) $\frac{16}{72}$ =

e) $\frac{30}{75}$ =

f) $\frac{13}{17}$ =

**7** Wandle in die angegebene Einheit um.

a) $\frac{4}{10}$ kg = _____ g

b) $\frac{1}{8}$ kg = _____ g

c) $\frac{30}{1000}$ t = _____ kg

**8** Die Klasse 6a hat 25 Schülerinnen und Schüler.
$\frac{4}{5}$ der Schülerinnen und Schüler haben ein Smartphone.
Wie viele Schülerinnen und Schüler haben ein Smartphone?

**9** Eine Klasse hat 24 Schülerinnen und Schüler. Bei der Wahl des Klassensprechers erhielt Jennifer $\frac{1}{3}$
der Stimmen, Anton $\frac{3}{8}$ der Stimmen und Jonas den Rest.
Wie viele Stimmen erhielt jeder? Wer hat die Wahl gewonnen?

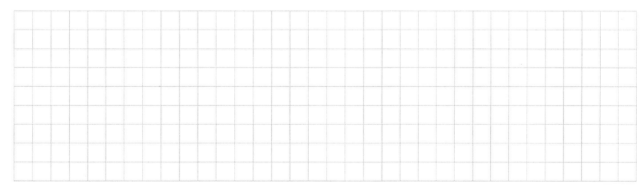

**Viel Erfolg!**

| Aufgabe | 1 | 2 | 3 | 4 | 5 | 6 | 7 | 8 | 9 | Ø |
|---|---|---|---|---|---|---|---|---|---|---|
| mögliche Punkte | | | | | | | | | | |
| erreichte Punkte | | | | | | | | | | |

**❶ Berechne. Kürze die Ergebnisse vollständig.**

**a)** $\frac{1}{6} + \frac{3}{6} =$

**b)** $\frac{7}{15} + \frac{3}{15} =$

**c)** $\frac{18}{100} + \frac{17}{100} =$

**d)** $\frac{5}{7} - \frac{3}{7} =$

**e)** $\frac{19}{20} - \frac{14}{20} =$

**f)** $\frac{69}{85} - \frac{44}{85} =$

**❷ Berechne. Kürze, falls möglich.**

**a)**

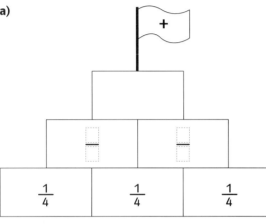

**b)**

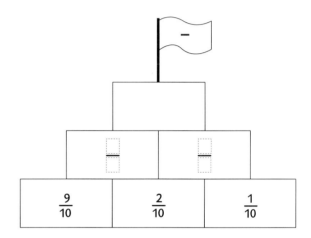

**❸ Berechne.**

A $\frac{7}{8} - \frac{4}{8} =$        H $\frac{4}{8} - \frac{3}{8} =$

U $\frac{2}{8} + \frac{2}{8} + \frac{1}{8} =$        S $\frac{3}{8} + \frac{5}{8} - \frac{1}{8} =$

**Ordne die Brüche der Größe nach. Beginne mit dem Kleinsten.**

_____

**Notiere die Buchstaben in der geordneten Reihenfolge.**

**Das Lösungswort lautet:** _____ _____ _____ _____ .

## Viel Erfolg!

| Aufgabe | 1 | 2 | 3 | Ø |
|---|---|---|---|---|
| mögliche Punkte | | | | |
| erreichte Punkte | | | | |

**❶** **Berechne. Kürze die Ergebnisse vollständig und schreibe, wenn möglich, als gemischten Bruch.**

a) $\frac{2}{5} + \frac{1}{5} + \frac{7}{5} =$

b) $\frac{1}{8} + \frac{3}{8} + \frac{4}{8} =$

c) $\frac{28}{99} + \frac{11}{99} + \frac{27}{99} =$

d) $\frac{15}{7} - \frac{8}{7} =$

e) $\frac{29}{24} - \frac{14}{24} - \frac{7}{24} =$

f) $\frac{7}{12} - \frac{3}{12} + \frac{1}{12} - \frac{2}{12} =$

**❷** **Berechne. Kürze, falls möglich.**

a)

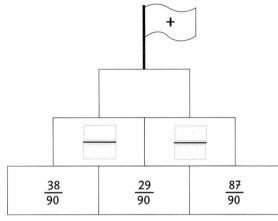

b)

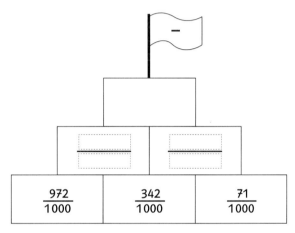

**6. Klasse**

**③** **Löse zeichnerisch und rechnerisch.**

 +  =

_____ + _____ = _____

**④** **Setze das entsprechende Relationszeichen (<, >, =) ein.**

a) $\frac{3}{7} + \frac{2}{7}$ _____ $\frac{19}{7} - \frac{11}{7} - \frac{2}{7}$

b) $\frac{25}{19} - \frac{2}{19} - \frac{12}{19}$ _____ $\frac{8}{19} + \frac{1}{19} + \frac{2}{19}$

c) $\frac{89}{325} + \frac{149}{325}$ _____ $\frac{910}{325} - \frac{671}{325}$

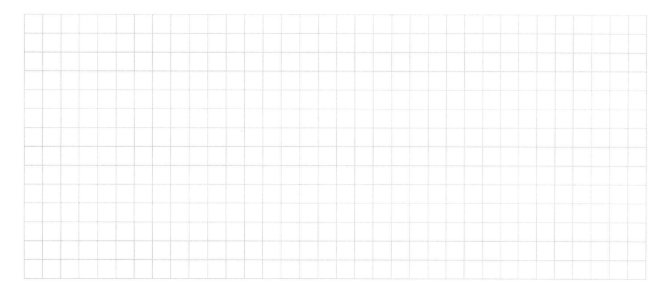

**Viel Erfolg!**

| Aufgabe | 1 | 2 | 3 | 4 | Ø |
|---|---|---|---|---|---|
| mögliche Punkte | | | | | |
| erreichte Punkte | | | | | |

**❶ Berechne und kürze, wenn möglich.**

a) $\frac{3}{4} + \frac{1}{2}$  b) $\frac{1}{3} + \frac{1}{2}$  c) $\frac{1}{4} + \frac{1}{5}$  d) $\frac{7}{15} + \frac{2}{3}$  e) $\frac{7}{10} + \frac{13}{100}$  f) $\frac{3}{8} + \frac{7}{24}$

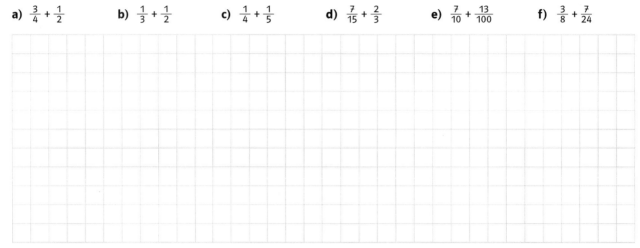

**❷ Berechne und kürze, wenn möglich.**

a) $\frac{7}{10} - \frac{1}{5}$  b) $\frac{11}{12} - \frac{1}{4}$  c) $\frac{1}{2} - \frac{1}{3}$  d) $\frac{3}{4} - \frac{1}{2}$  e) $\frac{11}{12} - \frac{5}{6}$  f) $\frac{5}{8} - \frac{2}{9}$

**❸ Berechne und kürze, wenn möglich.**

a) $2\frac{1}{2} - 1\frac{1}{4}$  b) $5\frac{1}{5} + 2\frac{1}{10}$  c) $3\frac{2}{7} + 7\frac{1}{14}$  d) $45\frac{1}{4} - 5\frac{2}{5}$

6. Klasse

**4** Berechne und kürze, wenn möglich.

a) $12\frac{1}{2} - 1\frac{1}{4}$     b) $7\frac{1}{5} + 2\frac{1}{10}$     c) $37\frac{2}{7} + 30\frac{1}{14}$     d) $50\frac{4}{5} - 45\frac{1}{4}$

## Viel Erfolg!

| Aufgabe | 1 | 2 | 3 | 4 | Ø |
|---|---|---|---|---|---|
| mögliche Punkte | | | | | |
| erreichte Punkte | | | | | |

**❶ Berechne und kürze, wenn möglich.**

a) $\frac{1}{2} + \frac{3}{4}$

b) $\frac{2}{3} + \frac{2}{5}$

c) $\frac{1}{4} + \frac{2}{5}$

d) $\frac{3}{7} + \frac{6}{9}$

e) $\frac{11}{20} + \frac{8}{15}$

f) $\frac{7}{10} + \frac{17}{30}$

g) $\frac{13}{18} + \frac{8}{54}$

h) $\frac{17}{100} + \frac{21}{30}$

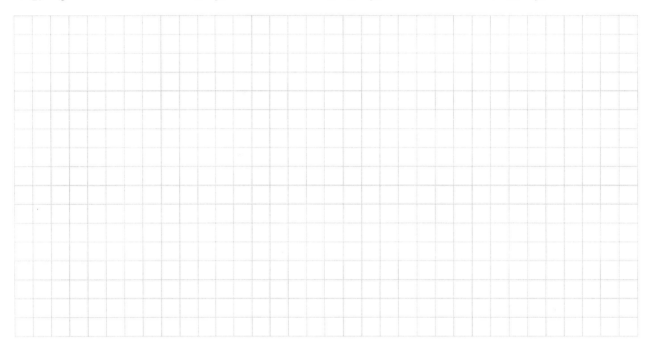

**❷ Berechne und kürze, wenn möglich.**

a) $\frac{1}{2} - \frac{1}{6}$

b) $\frac{3}{4} - \frac{2}{3}$

c) $\frac{6}{8} - \frac{1}{3}$

d) $\frac{4}{5} - \frac{1}{7}$

e) $\frac{5}{9} - \frac{5}{12}$

f) $\frac{11}{20} - \frac{1}{4}$

g) $\frac{6}{45} - \frac{8}{90}$

h) $\frac{31}{36} - \frac{5}{6}$

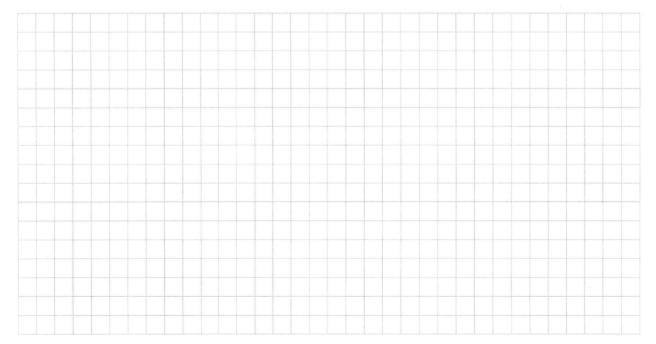

**❸ Berechne und kürze, wenn möglich.**

**a)** $2\frac{3}{4} + 1\frac{1}{2}$

**b)** $1\frac{2}{5} + 1\frac{1}{3}$

**c)** $3\frac{2}{6} + 4\frac{3}{5}$

**d)** $1\frac{6}{9} + 1\frac{8}{18}$

**e)** $2\frac{3}{4} + 4\frac{6}{8}$

**f)** $3\frac{16}{25} + 5\frac{7}{5}$

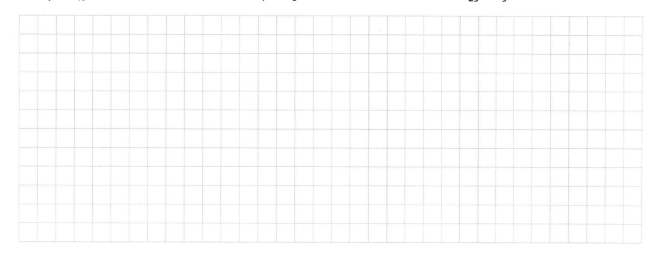

**❹ Berechne und kürze, wenn möglich.**

**a)** $2\frac{1}{2} - 1\frac{1}{4}$

**b)** $3\frac{2}{6} - 1\frac{2}{5}$

**c)** $4\frac{3}{5} - 2\frac{3}{4}$

**d)** $2\frac{9}{10} - 1\frac{7}{8}$

**e)** $6\frac{12}{18} - 4\frac{15}{35}$

**f)** $8\frac{4}{5} - 3\frac{13}{15}$

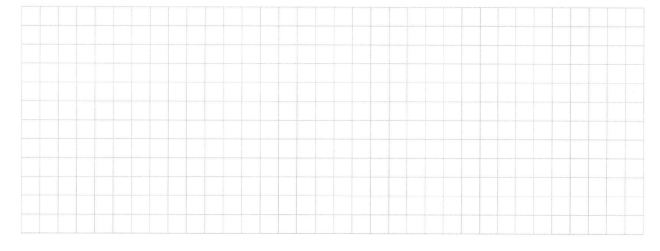

## Viel Erfolg!

| Aufgabe | 1 | 2 | 3 | 4 | Ø |
|---|---|---|---|---|---|
| mögliche Punkte | | | | | |
| erreichte Punkte | | | | | |

Lernzielkontrolle (A)

Thema: Multiplikation und Division I (1)

Datum: _____

Name: _____

**❶ Berechne. Kürze die Ergebnisse vollständig und schreibe, wenn möglich, als gemischten Bruch.**

a) $\frac{1}{4} \cdot 7$    b) $\frac{15}{6} \cdot \frac{1}{5}$    c) $\frac{6}{2} \cdot \frac{4}{9}$    d) $\frac{17}{21} \cdot \frac{7}{34}$    e) $\frac{16}{50} \cdot \frac{25}{32}$    f) $1\frac{1}{2} \cdot \frac{1}{5}$

**❷ Mia läuft in einer halben Stunde eine Strecke von 4 Kilometer.**

a) Wie viele Kilometer legt sie in zwei Stunden zurück?

b) Wie viele Kilometer legt sie in einer viertel Stunde zurück?

**❸ Berechne. Kürze die Ergebnisse vollständig und schreibe, wenn möglich, als gemischten Bruch.**

a) $\frac{1}{2} : 5$    b) $\frac{3}{4} : \frac{1}{4}$    c) $\frac{1}{6} : \frac{1}{2}$    d) $\frac{36}{14} : \frac{6}{7}$    e) $\frac{21}{30} : \frac{7}{15}$    f) $2\frac{1}{2} : 1\frac{1}{4}$

6. Klasse

❹ Herr Stehling fährt mit dem Fahrrad von Schwalbach nach Frankfurt (15 km) in einer Dreiviertelstunde. Wie viele Kilometer fährt er durchschnittlich pro Stunde?

## Viel Erfolg!

| Aufgabe | 1 | 2 | 3 | 4 | Ø |
|---|---|---|---|---|---|
| mögliche Punkte | | | | | |
| erreichte Punkte | | | | | |

**①** Berechne. Kürze die Ergebnisse vollständig und schreibe, wenn möglich, als gemischten Bruch.

a) $\frac{3}{4} \cdot 7$

b) $\frac{15}{7} \cdot \frac{3}{5}$

c) $\frac{6}{2} \cdot \frac{4}{9}$

d) $\frac{17}{21} \cdot \frac{28}{51}$

e) $\frac{32}{50} \cdot \frac{75}{96}$

f) $1\frac{1}{2} \cdot \frac{3}{4}$

g) $3\frac{2}{3} \cdot 2\frac{2}{11}$

h) $5\frac{3}{4} \cdot 5\frac{1}{3}$

i) $5\frac{2}{3} \cdot \frac{6}{7}$

j) $1\frac{5}{3} \cdot 2\frac{3}{4}$

**②** Der Schall legt $\frac{1}{3}$ Kilometer pro Sekunde zurück.

a) Wie viele Kilometer legt er in fünf Sekunden zurück?

b) Wie viele Kilometer legt er in einer halben Sekunde zurück?

6. Klasse

**❸** Berechne. Kürze die Ergebnisse vollständig und schreibe, wenn möglich, als gemischten Bruch.

a) $\frac{3}{4} : 7$

b) $\frac{3}{4} : \frac{5}{6}$

c) $\frac{1}{4} : \frac{1}{2}$

d) $\frac{36}{14} : \frac{27}{21}$

e) $\frac{63}{45} : \frac{49}{15}$

f) $2\frac{1}{2} : 1\frac{3}{4}$

g) $2\frac{1}{3} : 2\frac{1}{6}$

h) $6\frac{2}{9} : 5\frac{5}{6}$

i) $8\frac{3}{4} : 1\frac{1}{6}$

j) $2\frac{2}{5} : 2\frac{1}{2}$

**❹** Herr Schulz fährt die Strecke von Frankfurt nach Hamburg (504 km) in $5\frac{1}{4}$ Stunden. Wie viele Kilometer fährt er durchschnittlich pro Stunde?

**Viel Erfolg!**

| Aufgabe | 1 | 2 | 3 | 4 | Ø |
|---|---|---|---|---|---|
| mögliche Punkte | | | | | |
| erreichte Punkte | | | | | |

**❶ Berechne.**

a)

| • | $\frac{2}{3}$ | $\frac{1}{5}$ | $\frac{1}{6}$ |
|---|---|---|---|
| $\frac{1}{2}$ | | | |
| $\frac{1}{4}$ | | | |
| 6 | | | |

b)

| : | $\frac{1}{8}$ | $\frac{5}{6}$ |
|---|---|---|
| $\frac{3}{8}$ | | |
| $\frac{1}{3}$ | | |

**❷ Auf einer Wanderkarte wird für eine Strecke von 6 km eine Wanderzeit von einer Stunde angegeben. Wie viele Minuten braucht man demnach für einen Kilometer?**

**❸ Ein Wasserglas fasst $\frac{1}{4}$ Liter. Wie viele Gläser kann man mit einer vollen $\frac{3}{4}$-Liter-Flasche füllen?**

_____

**❹ In einer Schulklasse mit 20 Schülern sind $\frac{1}{5}$ aller Schüler erkrankt. Von den kranken Schülern haben die Hälfte Fieber.**

**a)** Wie viele Schüler sind insgesamt krank?

**b)** Wie viele Schüler haben Fieber?

6. Klasse

**5** Von 330 Kindern der Erich-Kästner-Schule kommen $\frac{2}{10}$ mit dem Bus, $\frac{1}{10}$ mit dem Fahrrad und der Rest der Kinder zu Fuß zur Schule.

**a)** Wie viele Kinder fahren mit dem Bus? _____

_____

**b)** Wie viele Kinder fahren mit dem Fahrrad? _____

_____

**c)** Wie viele Kinder gehen zu Fuß? _____

_____

**Viel Erfolg!**

| Aufgabe | 1 | 2 | 3 | 4 | 5 | Ø |
|---|---|---|---|---|---|---|
| mögliche Punkte | | | | | | |
| erreichte Punkte | | | | | | |

**❶ Berechne.**

a)

| • | $\frac{2}{3}$ | $\frac{16}{12}$ | $\frac{9}{13}$ |
|---|---|---|---|
| $\frac{3}{4}$ | | | |
| $\frac{1}{2}$ | | | |
| 5 | | | |

b)

| • | $\frac{5}{8}$ | $\frac{6}{9}$ | 4 |
|---|---|---|---|
| $\frac{3}{8}$ | | | |
| $\frac{1}{3}$ | | | |
| 2 | | | |

**❷** Von 781 Kindern der Grundschule Nidda kommen $\frac{4}{11}$ mit dem Bus, $\frac{5}{11}$ mit dem Fahrrad und der Rest der Kinder zu Fuß zur Schule. Wie viele Kinder fahren mit dem Bus, mit dem Fahrrad oder gehen zur Fuß?

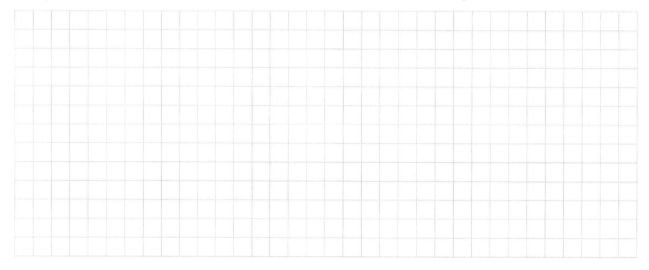

**❸** Ein Wasserglas fasst $\frac{1}{8}$ Liter.
Wie viele Gläser kann man mit einer vollen $\frac{3}{4}$-Liter-Flasche füllen?

**❹ In einer Schulklasse mit 24 Schülern sind $\frac{1}{4}$ aller Schüler erkrankt.**
**$\frac{1}{3}$ davon hat die Grippe.**

**a)** Wie viele Schüler sind insgesamt krank? _____

_____

**b)** Wie viele Schüler haben die Grippe? _____

_____

**c)** Wie hoch ist der Anteil der an Grippe erkrankten Schüler insgesamt? _____

_____

**❺ Auf einer Wanderkarte wird für eine Strecke von 6 km eine Wanderzeit von $1\frac{1}{2}$ Stunden angegeben.**
**Wie lange braucht man demnach für einen Kilometer?**

## Viel Erfolg!

| Aufgabe | 1 | 2 | 3 | 4 | 5 | Ø |
|---|---|---|---|---|---|---|
| mögliche Punkte | | | | | | |
| erreichte Punkte | | | | | | |

**❶ Kreuze den richtigen Begriff an.**

| a) 3,51 | b) $\frac{351}{1000}$ | c) 0,761 | d) $7\frac{225}{1000}$ |
|---|---|---|---|
| ☐ gewöhnlicher Bruch<br>☐ gemischte Schreibweise<br>☐ Dezimalbruch | ☐ gewöhnlicher Bruch<br>☐ gemischte Schreibweise<br>☐ Dezimalbruch | ☐ gewöhnlicher Bruch<br>☐ gemischte Schreibweise<br>☐ Dezimalbruch | ☐ gewöhnlicher Bruch<br>☐ gemischte Schreibweise<br>☐ Dezimalbruch |

**❷ Schreibe in die Lücken.**

| Hundertstel | Zehntel | Tausendstel |
|---|---|---|

3,125 ist ein Dezimalbruch. Ein Dezimalbruch hat ein Komma.

Rechts vom Komma stehen nacheinander die _____,

_____, _____.

**❸ Sonja liest in der Zeitung: „Der tägliche Bedarf von Vitamin C beträgt 0,075 g."**

Schreibe als gewöhnlichen Bruch: _____

**❹ Schreibe die fehlenden Angaben in die Lücken.**

| Dezimalbruch | gemischte Schreibweise | gewöhnlicher Bruch |
|---|---|---|
| 2,5 | | |
| | $1\frac{10}{100}$ | |
| | | $\frac{2025}{1000}$ |

6. Klasse

**❺** Berechne.

a) 5,5 + 4,2       b) 25,83 − 15,65       c) 30,750 + 5,107 + 19,345       d) 50,25 − 7,50 − 3,25

**❻** Frau Walter hat für 37,47 Euro auf dem Markt eingekauft.
Frau Walter hat nach dem Einkaufen noch 12,53 Euro in der Geldbörse.
Wie viel Geld hatte Frau Walter vor dem Einkaufen in der Geldbörse?

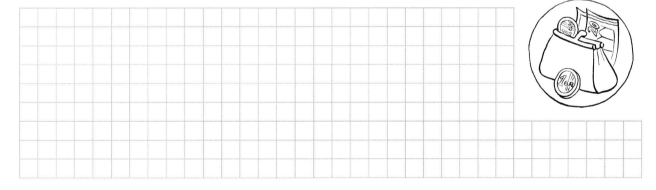

## Viel Erfolg!

| Aufgabe | 1 | 2 | 3 | 4 | 5 | 6 | Ø |
|---|---|---|---|---|---|---|---|
| mögliche Punkte | | | | | | | |
| erreichte Punkte | | | | | | | |

❶ **Schreibe in die Lücken.**

| Zehntel | | Komma | | Tausendstel |

| Hundertstel | | Rechts |

1,578 ist ein Dezimalbruch. Ein Dezimalbruch hat ein _____.

_____ vom Komma stehen nacheinander die _____,

_____, _____.

❷ **Schreibe die fehlenden Angaben in die Lücken.**

| Dezimalbruch | gemischte Schreibweise | gewöhnlicher Bruch |
|:---:|:---:|:---:|
| 3,07 | | |
| | $7\frac{10}{100}$ | |
| | | $\frac{5\,025}{1000}$ |
| 0,003 | | |

❸ **Berechne.**

**a)** 6,5 + 3,4          **b)** 35,24 − 17,65          **c)** 46,123 + 2,17 + 49,268     **d)** 29,25 − 6,44 − 7,29

**4** **Ein Lastwagen wiegt beladen 17,465 Tonnen.**
**Sein Leergewicht ist 13,75 Tonnen.**
**Wie schwer ist die Ladung?**

## Viel Erfolg!

| Aufgabe | 1 | 2 | 3 | 4 | Ø |
|---|---|---|---|---|---|
| mögliche Punkte | | | | | |
| erreichte Punkte | | | | | |

**❶ Bestimme die Dezimalbrüche.**

**a)**

|  | · 10 | · 100 | · 1000 |
|---|---|---|---|
| 42 |  |  |  |
| 1,5 |  |  |  |
| 53,72 |  |  |  |

**b)**

|  | : 10 | : 100 | : 1000 |
|---|---|---|---|
| 7 000 000 |  |  |  |
| 562 000 |  |  |  |
| 30 300 |  |  |  |

**❷ Herr Rentsch kauft für seine beiden Söhne und sich elf Cheeseburger.
Ein Cheeseburger kostet 1,10 Euro. Wie viel Euro muss er bezahlen?**

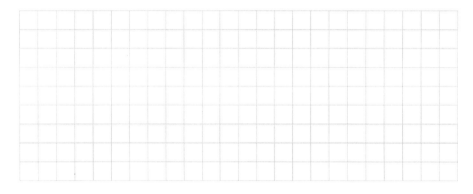

**❸ Berechne.**

**a)** 3,26 · 5    **b)** 21,54 · 2,3    **c)** 0,49 · 35    **d)** 0,3 · 0,2

**❹** Alina näht sich ein Faschingskostüm.
Dafür bestellt sie sich Stoff.
Vervollständige die Rechnung.

| Warenart | Menge | Meterpreis | Preis |
|---|---|---|---|
| weißer Stoff | 4 Meter | 7,20 € | |
| grüner Stoff | 2,50 Meter | 9,00 € | |

| Rechnungssumme: | |
|---|---|

**❺** Berechne.

a)

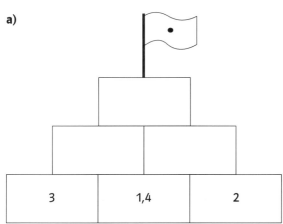

| 3 | 1,4 | 2 |
|---|---|---|

b)

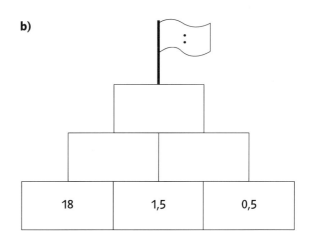

| 18 | 1,5 | 0,5 |
|---|---|---|

## Viel Erfolg!

| Aufgabe | 1 | 2 | 3 | 4 | 5 | Ø |
|---|---|---|---|---|---|---|
| mögliche Punkte | | | | | | |
| erreichte Punkte | | | | | | |

**❶ Frau Heinrich tankt 45,5 Liter Benzin. Ein Liter kostet 1,32 Euro.**
**Wie viel Euro muss sie bezahlen?**

**❷ Berechne.**

a) 1,46 • 51    b) 18,43 • 6,58    c) 0,735 • 35    d) 0,03 • 0,002

**❸ Familie Müller hat neue Vorhänge gekauft. Vervollständige die Rechnung.**

| Warenart | Menge | Meterpreis | Preis |
|---|---|---|---|
| Gardine weiß | 7,15 Meter | 6,40 € | |
| Gardine blau | 3,40 Meter | 4,70 € | |
| Dekostoff rot | 10,40 Meter | 12,25 € | |

| | Rechnungssumme: | |
|---|---|---|

❹ **Berechne.**

a)

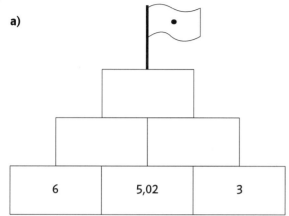

| 6 | 5,02 | 3 |

b)

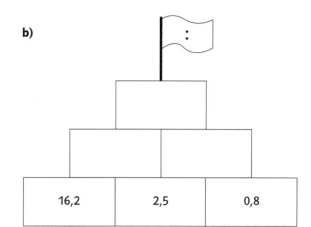

| 16,2 | 2,5 | 0,8 |

❺ **Bestimme die Dezimalbrüche.**

a)

|  | · 10 | · 100 | · 1000 |
|---|---|---|---|
| 83,61 |  |  |  |
|  |  | 420,00 |  |
|  |  |  | 294 000 |

b)

|  | : 10 | : 100 | : 1000 |
|---|---|---|---|
| 1 000 000 |  |  |  |
|  | 3 500 |  |  |
|  |  | 27 500 |  |

## Viel Erfolg!

| Aufgabe | 1 | 2 | 3 | 4 | 5 | Ø |
|---|---|---|---|---|---|---|
| mögliche Punkte |  |  |  |  |  |  |
| erreichte Punkte |  |  |  |  |  |  |

**❶ Verbinde die passenden Gewichtsangaben miteinander.**

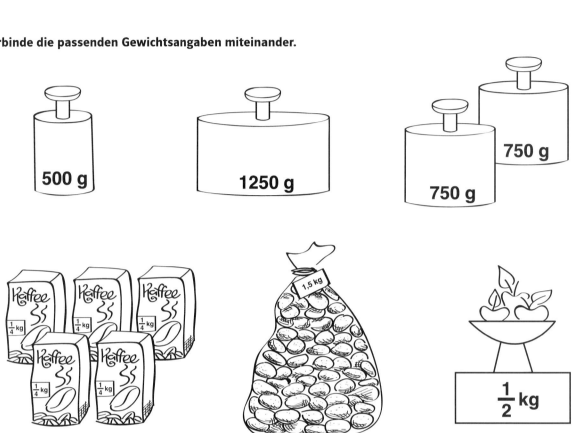

**❷ Charlie schaut in ihr Kochbuch.**

**Kreuze die richtige Antwort an.**

Charlie braucht für den Schokopudding …

☐ … mehr Milch als Schokoladen-Sauce.

☐ … mehr Schokoladen-Sauce als Milch.

Charlie braucht für die Lasagne …

☐ … am meisten Tomaten.

☐ … mehr Nudelplatten als Tomaten.

☐ … weniger Tomaten als Hackfleisch.

❸ **Runde auf ...**

    **a)** ... Zehntel.   $15{,}55 \approx$ _____   $107{,}971 \approx$ _____

                  $3\,250{,}391 \approx$ _____   $0{,}8999 \approx$ _____

    **b)** ... Hundertstel.   $4{,}351 \approx$ _____   $87{,}642 \approx$ _____

                  $729{,}3504 \approx$ _____   $0{,}9090 \approx$ _____

❹ **Notiere jeweils drei Zahlen zwischen ...**

    **a)** ... 1 und 2.   ➡  _____

    **b)** ... 4,5 und 4,6.   ➡  _____

❺ **Sortiere der Größe nach. Beginne mit der Kleinsten.**

    3,5      3,55      20,99      21      20,987      20,0987      20,23      3,555

_____

## Viel Erfolg!

| Aufgabe | 1 | 2 | 3 | 4 | 5 | Ø |
|---|---|---|---|---|---|---|
| mögliche Punkte | | | | | | |
| erreichte Punkte | | | | | | |

**❶ Runde auf ...**

**a)** ... Hundertstel.  $1{,}2589 \approx$ _____   $187{,}7642 \approx$ _____

$14\,789{,}3504 \approx$ _____   $909\,090{,}9090 \approx$ _____

**b)** ... Zehntel.  $0{,}59378 \approx$ _____   $89{,}48661 \approx$ _____

$0{,}006978 \approx$ _____   $7\,306{,}9993 \approx$ _____

**c)** ... Tausendstel.  $0{,}59378 \approx$ _____   $187{,}7642 \approx$ _____

$89{,}48661 \approx$ _____   $26\,121{,}98531 \approx$ _____

**❷ Notiere jeweils drei Zahlen zwischen ...**

**a)** ... 8 und 9.  ➡ _____

**b)** ... 3,8 und 3,9.  ➡ _____

**c)** ... 0,04 und 0,05.  ➡ _____

**d)** ... 129,9 und 130.  ➡ _____

**❸ Sortiere der Größe nach. Beginne mit der Kleinsten.**

6,55   6,555   21,88   21,879   7,00987   7,01987   26,23   26,322

_____

**❹ Wandle um in ...**

**a)** ... einen Dezimalbruch.   $\frac{1}{2} =$ _____   $\frac{3}{4} =$ _____   $\frac{2}{3} =$ _____

**b)** ... eine Bruchzahl.   $1{,}5 =$ _____   $0{,}25 =$ _____   $0{,}875 =$ _____

**5** **Setze das entsprechende Relationszeichen (<, >, =) ein.**

a) $\frac{3}{4}$ _____ 0,75    b) $\frac{2}{3}$ _____ $\frac{7}{10}$    c) 0,9 _____ $\frac{89}{100}$    d) $\frac{15}{3}$ _____ 4,907

## Viel Erfolg!

| Aufgabe | 1 | 2 | 3 | 4 | 5 | Ø |
|---|---|---|---|---|---|---|
| mögliche Punkte | | | | | | |
| erreichte Punkte | | | | | | |

**❶ Kreuze an, bei welchen Figuren es sich um Rechtecke handelt.**

a)      b)      c)      d)      e)

☐     ☐     ☐     ☐     ☐

**❷ Kreuze die richtigen Aussagen an.**

| Rechteck | Quader |
|---|---|
| ☐ Das Rechteck ist eine Fläche. <br> ☐ Das Rechteck ist ein Körper. | ☐ Der Quader ist eine Fläche. <br> ☐ Der Quader ist ein Körper. |
| ☐ Der Flächeninhalt wird mit $a \cdot b \cdot c$ berechnet. <br> ☐ Der Flächeninhalt wird mit $a \cdot b$ berechnet. | ☐ Das Volumen wird mit $a \cdot b$ berechnet. <br> ☐ Das Volumen wird mit $a \cdot b \cdot c$ berechnet. |
| ☐ $A = 25$ cm² <br> ☐ $A = 100$ cm³ | ☐ $V = 25$ dm³ <br> ☐ $V = 2\,500$ cm² |

**❸ Berechne den Flächeninhalt der Rechtecke.**

a)   $a = 5$ cm; $b = 6$ cm          b)   $a = 23$ cm; $b = 14$ cm

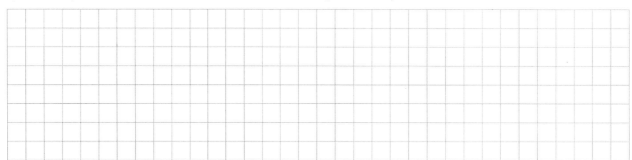

**❹ Berechne das Volumen der Quader.**

a)   $a = 6$ cm; $b = 7$ cm; $c = 10$ cm          b)   $a = 12$ dm; $b = 17$ dm; $c = 24$ dm

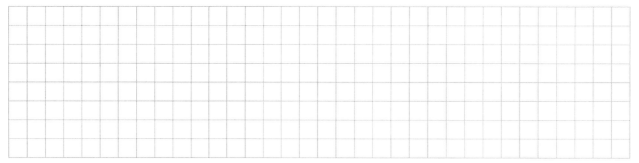

**❺** Familie Wirkner lässt ihre Terrasse pflastern.
Bestimme die Größe der Terrassenfläche (grau).

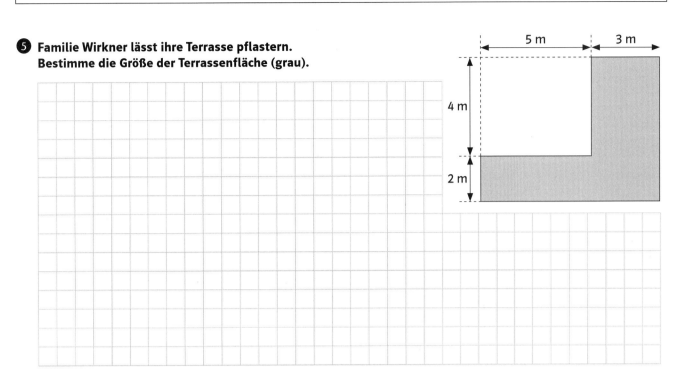

**❻** Walter möchte ein Gartenhaus bauen und bestellt dafür Holzbalken im Baumarkt.
Die Holzbalken sind 3 Meter lang. Bestimme das Volumen des Holzbalkens in m³.

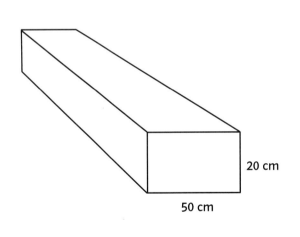

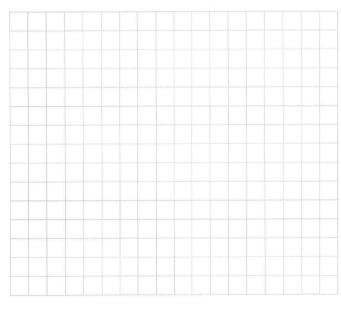

## Viel Erfolg!

| Aufgabe | 1 | 2 | 3 | 4 | 5 | 6 | Ø |
|---|---|---|---|---|---|---|---|
| **mögliche Punkte** | | | | | | | |
| **erreichte Punkte** | | | | | | | |

**❶ Schreibe den fehlenden Begriff in die Lücke.**

**a)** Um den _____ zu berechnen,

multipliziere ich a mit b.

**b)** Ich berechne das _____, indem ich a mit

b und c multipliziere.

**❷ Berechne den Flächeninhalt der Rechtecke.**

**a)** a = 15 cm; b = 9 cm

**b)** a = 23 cm; b = 5 dm

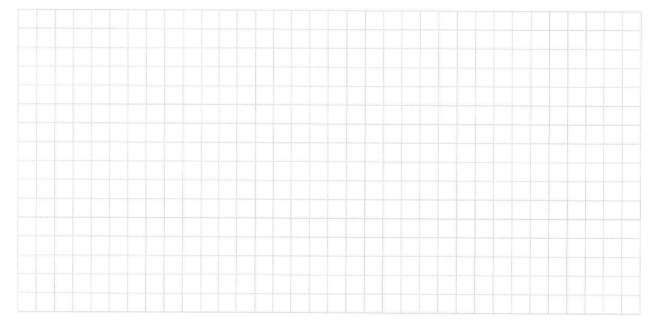

**❸ Berechne die Seite a eines Rechtecks mit A = 999 mm² und b = 27 mm.**

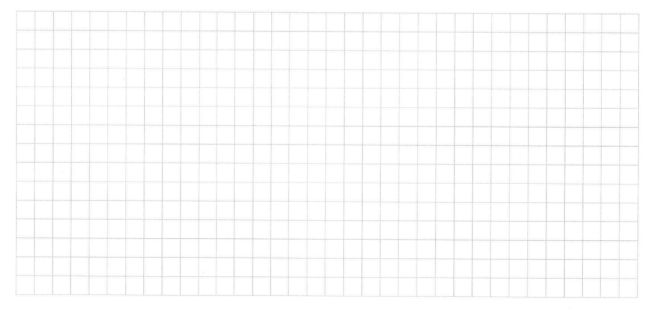

**❹ Berechne das Volumen der Quader.**

   **a)** a = 27 cm; b = 16 cm; c = 9 cm                    **b)** a = 8 dm; b = 17 cm; c = 2 cm

**❺ Berechne die Seite c eines Quaders mit V = 4 845 cm³, a = 15 cm und b = 17 cm.**

**❻ Die abgebildete Terrassenfläche (grau) soll gepflastert werden.**
**Wie viel Euro kostet das Verlegen, wenn die Firma für 1 m² 51 Euro verlangt?**
**Berechne schriftlich.**

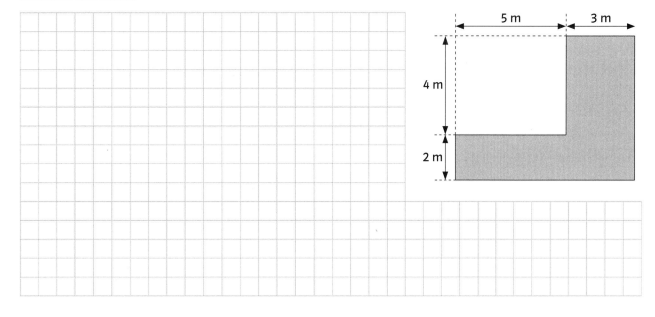

**❼** **Jens möchte ein Gartenhaus bauen und bestellt dafür Winkelstücke aus Holz im Baumarkt.**
**Aus wie viel cm³ Holz besteht ein Winkelstück?**
**Berechne schriftlich.**

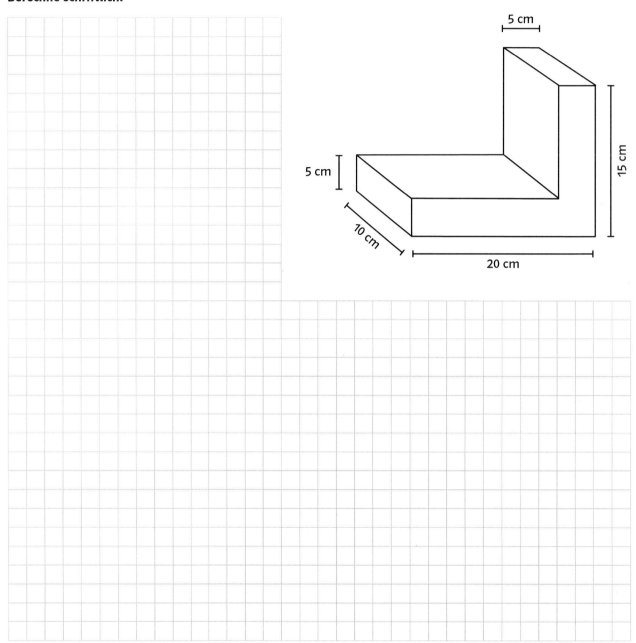

## Viel Erfolg!

| Aufgabe | 1 | 2 | 3 | 4 | 5 | 6 | 7 | Ø |
|---|---|---|---|---|---|---|---|---|
| **mögliche Punkte** | | | | | | | | |
| **erreichte Punkte** | | | | | | | | |

**❶ Beschrifte.**

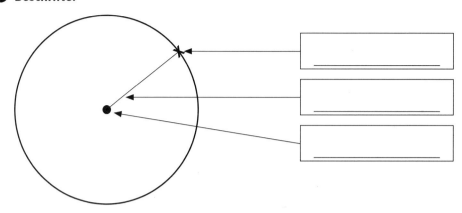

**❷ Bestimme die fehlenden Angaben. Beachte die Einheiten.**

a) Der Radius beträgt 3 cm.   ➡ Der Durchmesser ist dann _____.

b) Der Durchmesser beträgt 15 dm.   ➡ Der Radius ist dann _____.

c) Der Radius beträgt _____ cm.   ➡ Der Durchmesser ist dann 1 dm.

**❸ Zeichne einen Kreis mit ...**

a) ... dem Radius r = 4 cm.

b) ... dem Durchmesser d = 7 cm.

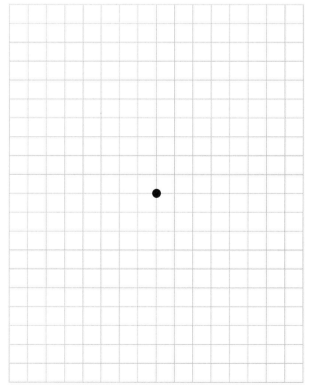
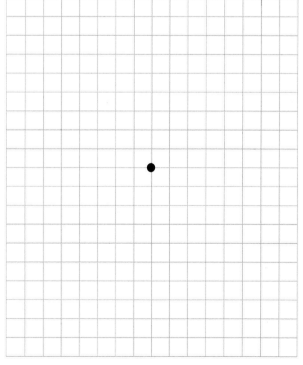

**❹ Gib die Koordinaten des Mittelpunkts M an.**

a)

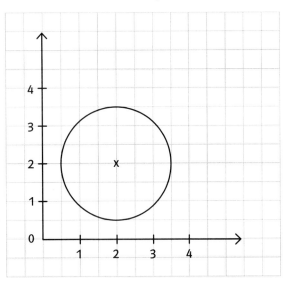

M (_____ | _____)

b)

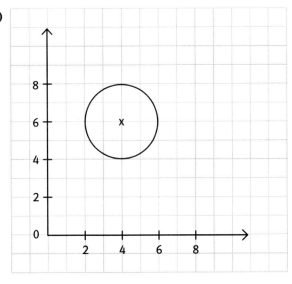

M (_____ | _____)

## Viel Erfolg!

| Aufgabe | 1 | 2 | 3 | 4 | Ø |
|---|---|---|---|---|---|
| mögliche Punkte | | | | | |
| erreichte Punkte | | | | | |

❶ **Schreibe die fehlenden Begriffe in die Lücken.**

**a)** Der Punkt, in den man mit dem Zirkel einsticht und einen Kreis zeichnet,

heißt _____.

**b)** Den Abstand zwischen diesem Punkt und dem _____ nennt

man _____.

**c)** Die Strecke, die zwei Kreispunkte verbindet und durch den Mittelpunkt geht,

nennt man _____.

❷ **Trage die fehlenden Angaben in die Tabelle ein.**

|  | a) | b) | c) | d) | e) | f) |
|---|---|---|---|---|---|---|
| **r (= Radius)** | _____ cm | 1,5 dm | 13 mm | _____ m | _____ m | 0,2 dm |
| **d (= Durchmesser)** | 9 cm | _____ cm | _____ cm | 0,9 m | 1 km | _____ mm |

❸ **Zeichne einen Kreis mit ...**

**a)** ... dem Radius r = 3,4 cm.

**b)** ... dem Durchmesser d = 0,8 dm.

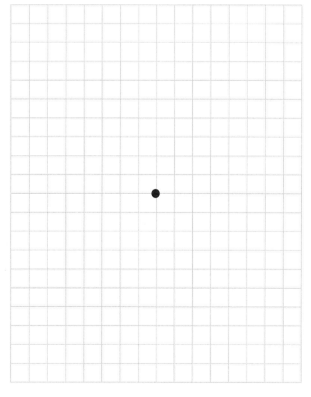

**4** Gib die Koordinaten des Mittelpunkts M an.

a)

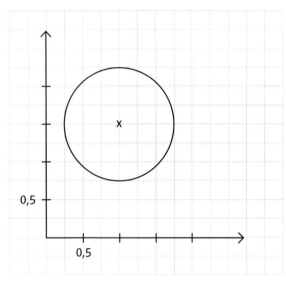

M ( _____ | _____ )

b)

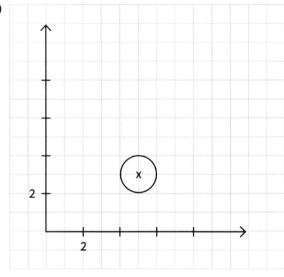

M ( _____ | _____ )

## Viel Erfolg!

| Aufgabe | 1 | 2 | 3 | 4 | Ø |
|---|---|---|---|---|---|
| **mögliche Punkte** | | | | | |
| **erreichte Punkte** | | | | | |

**❶ Kreuze die richtige Winkelart an.**

a)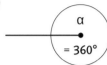

b)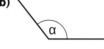

c)

d)

e)

| a) | b) | c) | d) | e) |
|---|---|---|---|---|
| ☐ rechter Winkel | ☐ rechter Winkel | ☐ rechter Winkel | ☐ rechter Winkel | ☐ rechter Winkel |
| ☐ gestreckter Winkel | ☐ gestreckter Winkel | ☐ gestreckter Winkel | ☐ gestreckter Winkel | ☐ gestreckter Winkel |
| ☐ Vollwinkel | ☐ Vollwinkel | ☐ Vollwinkel | ☐ Vollwinkel | ☐ Vollwinkel |
| ☐ spitzer Winkel | ☐ spitzer Winkel | ☐ spitzer Winkel | ☐ spitzer Winkel | ☐ spitzer Winkel |
| ☐ stumpfer Winkel | ☐ stumpfer Winkel | ☐ stumpfer Winkel | ☐ stumpfer Winkel | ☐ stumpfer Winkel |

**❷ Vervollständige den Lückentext.**

a) Ist der Winkel größer als 0° und kleiner als 90°,

dann handelt es sich um einen _____ Winkel.

b) Der rechte Winkel ist _____ groß.

c) Ist der Winkel größer als 90° und kleiner als 180°,

dann handelt es sich um einen _____ Winkel.

**❸ Miss den jeweiligen Winkel und schreibe in die Lücken.**

a)

b)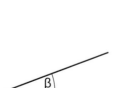

c)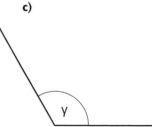

d)

α = _____    β = _____    γ = _____    δ = _____

**4** **Zeichne die folgenden Winkel.**

a) α = 45°　　　　　　　　　　　　b) β = 280°

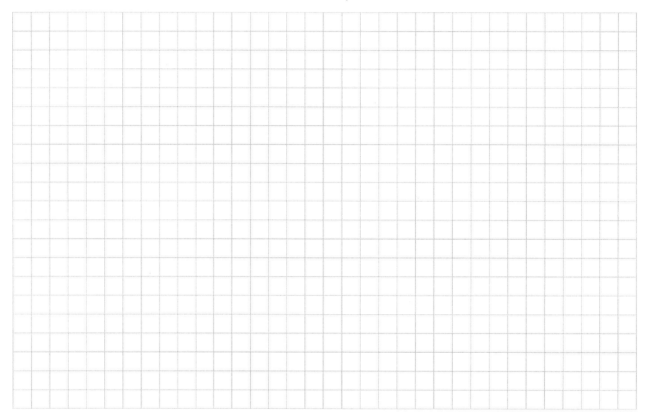

## Viel Erfolg!

| Aufgabe | 1 | 2 | 3 | 4 | Ø |
|---|---|---|---|---|---|
| mögliche Punkte | | | | | |
| erreichte Punkte | | | | | |

**❶** Kreuze an, ob es sich um einen spitzen (sp), rechtwinkligen (re) oder stumpfen (st) Winkel handelt.

a)

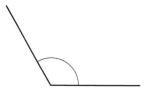

sp ☐    re ☐    st ☐

b)

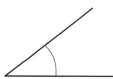

sp ☐    re ☐    st ☐

**❷** Zeichne folgende Winkel.

a) $\alpha = 70°$     b) $\beta = 243°$     c) $\gamma = 90°$     d) $\delta = 154°$

**❸** Eine analoge Uhr zeigt genau 5 Uhr an.
Wie groß ist der Winkel zwischen dem großen und dem kleinen Zeiger?

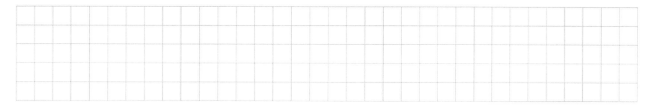

**❹** Der Stürmer Maier hat 20 Tore in der laufenden Saison gemacht. Betrachte den Winkel im Kreisdiagramm und notiere, wie viele Tore er mit dem Kopf bzw. mit dem Fuß erzielt hat.

## Viel Erfolg!

| Aufgabe | 1 | 2 | 3 | 4 | Ø |
|---|---|---|---|---|---|
| **mögliche Punkte** | | | | | |
| **erreichte Punkte** | | | | | |

**1** Zeichne die Winkelhalbierende ein.

a)

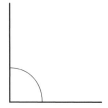

b)

**2** Bestimme die gesuchten Winkelgrößen.

a)

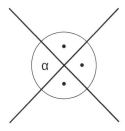

α = _____

b)

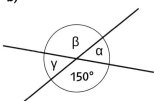

α = _____, β = _____, γ = _____,

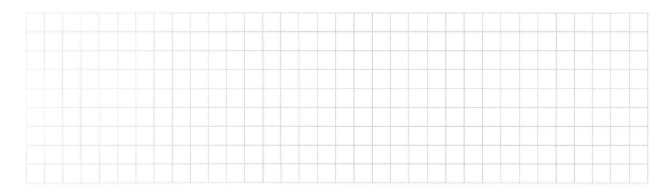

**3** Notiere die Eigenschaften von Winkeln im Quadrat.

_____

_____

## Viel Erfolg!

| Aufgabe | 1 | 2 | 3 | Ø |
| --- | --- | --- | --- | --- |
| **mögliche Punkte** | | | | |
| **erreichte Punkte** | | | | |

❶ **Zeichne die Winkelhalbierende ein.**

a)

b)

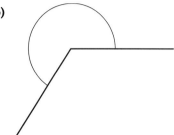

❷ **Berechne die einzelnen Winkelgrößen.**

a)

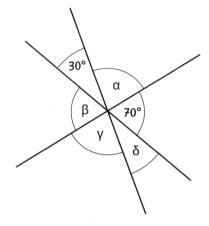

b)

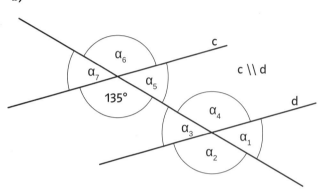

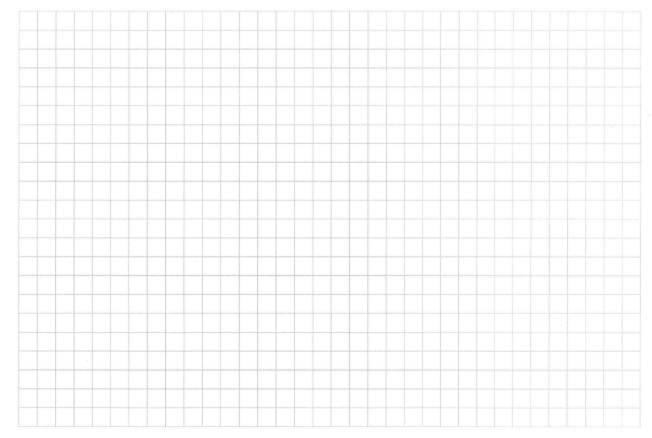

**3** Berechne die gesuchten Winkel.

a)

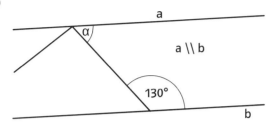

b)

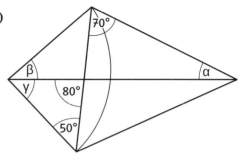

**4** Notiere die Eigenschaften von Nebenwinkeln und gegenüberliegenden Winkeln im Parallelogramm.

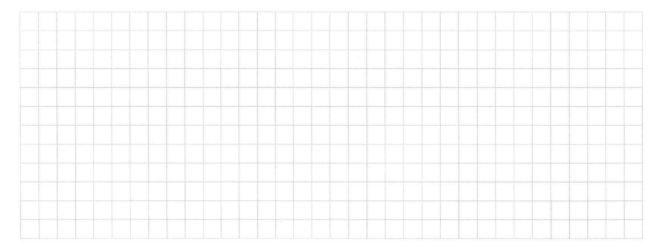

## Viel Erfolg!

| Aufgabe | 1 | 2 | 3 | 4 | Ø |
|---|---|---|---|---|---|
| mögliche Punkte | | | | | |
| erreichte Punkte | | | | | |

6. Klasse

**❶ Welche Symmetrien gibt es wirklich? Kreuze an.**

☐ Strichsymmetrie ☐ Punktsymmetrie ☐ Drehsymmetrie ☐ Wischsymmetrie

**❷ Konstruiere das punktsymmetrische Bilddreieck A'B'C' am Spiegelzentrum Z.**

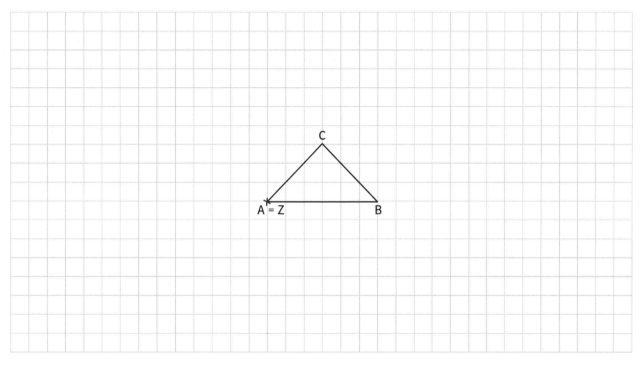

**❸ Drehe die Figur um das Drehzentrum Z mit dem Drehwinkel 120°.**

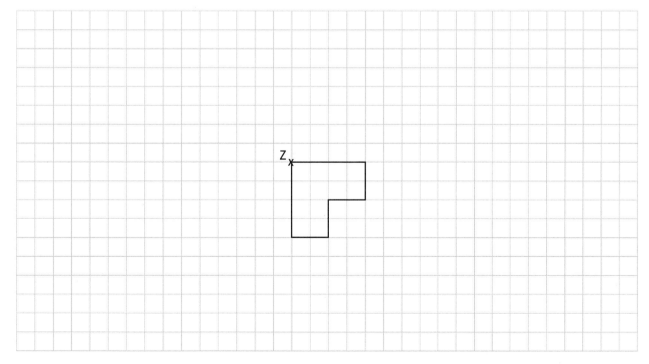

**4** Setze die passenden Begriffe ein.

| Drehwinkel | Punkt Z | punktsymmetrisch | Drehung |
|---|---|---|---|

| Punkt Z | drehsymmetrisch | Punktspiegelung |
|---|---|---|

**a)** Eine Figur heißt _____ zum _____ ,

wenn sie bei der _____ an Z auf sich selbst abgebildet wird.

**b)** Wenn eine Figur bei einer _____ um einen _____

mit einem _____ zwischen 0° und 360° deckungsgleich ist,

dann ist die Figur _____ .

## Viel Erfolg!

| Aufgabe | 1 | 2 | 3 | 4 | Ø |
|---|---|---|---|---|---|
| mögliche Punkte | | | | | |
| erreichte Punkte | | | | | |

**❶ Erkläre ...**

**a)** ... Punktsymmetrie:

_____

_____

_____

_____

**b)** ... Drehsymmetrie:

_____

_____

_____

_____

**❷ Welche Figuren sind punktsymmetrisch? Kreuze an.**

**a)** ☐　　　　　**b)** ☐　　　　　**c)** ☐　　　　　**d)** ☐

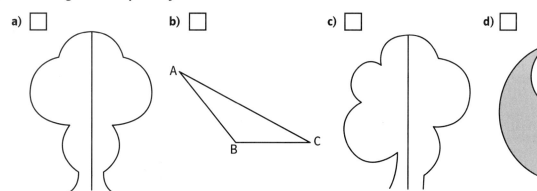

❸ Konstruiere das punktsymmetrische Bilddreieck A'B'C' am Spiegelzentrum Z.

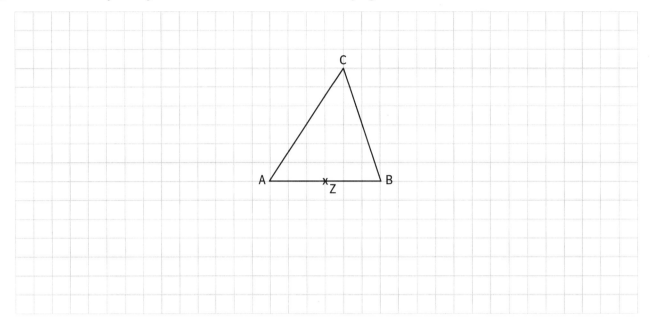

❹ Drehe die Figur um das Drehzentrum Z mit dem Drehwinkel 120°.

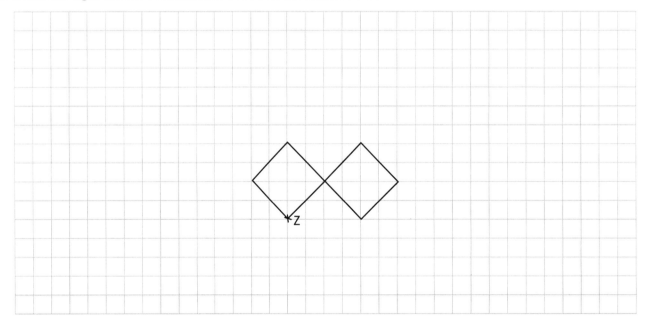

## Viel Erfolg!

| Aufgabe | 1 | 2 | 3 | 4 | Ø |
|---|---|---|---|---|---|
| mögliche Punkte | | | | | |
| erreichte Punkte | | | | | |

## Zahlenaufbau I (A)      Seite 6

❶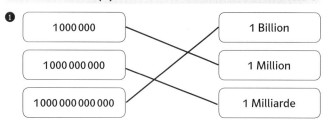

❷ 600, 1000, 1500

❸ a) 2 383, b) 171 400, c) 908 302, d) 1 409 909

❹ a) 4134, b) 70 201, c) 374 005

❺ neunhundertsechsunddreißig Euro und
neunundachtzig Cent

❻ 398     – 399     – 400
1000    – 1001   – 1002
199 998 – 199 999 – 200 000

## Zahlenaufbau I (B)      Seite 8

❶ a) 1 Milliarde hat 9 Nullen.
b) 1 Million hat 6 Nullen.
c) 1 Billion hat 12 Nullen.

❷

| Billionen | | | Milliarden | | | Millionen | | | Tausender | | | | | |
|---|---|---|---|---|---|---|---|---|---|---|---|---|---|---|
| H | Z | E | H | Z | E | H | Z | E | H | Z | E | H | Z | E |
| | | | | | | | | 7 | 0 | 3 | 4 | 0 | 1 | 2 |
| | 3 | 0 | 1 | 2 | 0 | 0 | 5 | 0 | 0 | 0 | 0 | 0 | 0 | 0 |
| | | | 4 | 7 | 5 | 1 | 7 | 0 | 7 | 2 | 3 | 9 | 7 |  |

❸ a) 3 248, b) 904 305, c) 3 254 309

❹ 799     – 800     – 801
10 899   – 10 900  – 10 901
199 998 – 199 999 – 200 000
110 099 – 110 100 – 110 101

❺ a) 200, b) 900, c) 1200, d) 500, e) 2 000, f) 3 250

## Zahlenaufbau II (A)      Seite 10

❶ a) 600, b) 1349, c) 1879

❷ a) (3) 1835 Die erste deutsche Eisenbahn fährt zwischen
                      Nürnberg und Fürth.
b) (4) 1879 Edison erfindet die elektrische Glühbirne.
c) (5) 1928 Die erste Fernsehübertragung wird gesendet.
d) (1) 1814 Die erste Lokomotive wird gebaut.
e) (2) 1819 Das erste Dampfsegelschiff überquert den
                      Atlantik.

❸ < ➡ Das ist das „kleiner als"-Zeichen.
  > ➡ Das ist das „größer als"-Zeichen.

❹ a) 31 194 < 31 914
b) 4 754  = 4 754
c) 63 578 > 36 578

❺ a) 5, 11, 17, 23, 29, 35
b) 165, 180, 195, 210, 225, 240
c) 3, 6, 12, 24, 48, 96

## Zahlenaufbau II (B)      Seite 12

❶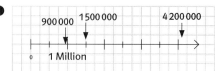

❷ a)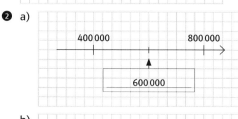

b)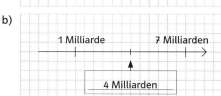

❸ a) 2 530 > 2 350
b) 9 909 > 9 099
c) 2 041 723 < 2 042 731
d) 7 331 133 < 7 333 311

❹ a) 301, 712, 924, 1001, 3000
b) 704 077, 447 447, 77 040, 74 777, 47 777

❺ a) 3, 6, 12, 24, 48, 96, 192, 384
b) 15, 30, 23, 38, 31, 46, 39, 54, 47
c) 1, 1, 2, 3, 5, 8, 13, 21, 34, 55

## Zahlenaufbau III (A)      Seite 14

❶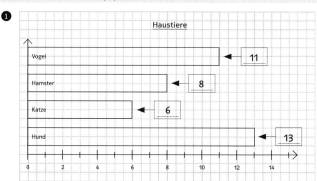

❷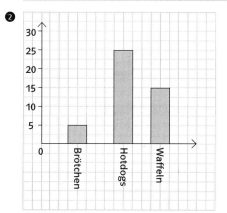

❸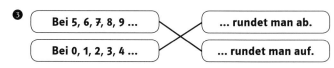

**4** a) 25,1° C    ≈ 25 °C
    39,9° C    ≈ 40 °C
    0,4° C    ≈ 0 °C
b) 17 300    ≈ 17 000
    35 700    ≈ 36 000
    49 990    ≈ 50 000
c) 1 507 000    ≈ 2 000 000
    3 909 909    ≈ 4 000 000
    4 230 032    ≈ 4 000 000

**5**  21 = XXI, 66 = LXVI, 1032 = MXXXII

**6**  vier ➡ IV, dreizehn ➡ XIII, neunhundertfünfzig ➡ CML

## Zahlenaufbau III (B)                    Seite 16

**1**

| 𝄞♫♪ | = | 11 Millionen |
| ⚽ | = | 8 Millionen |
| 🎱 | = | 6 Millionen |
| 🌷 | = | 13 Millionen |

**2**
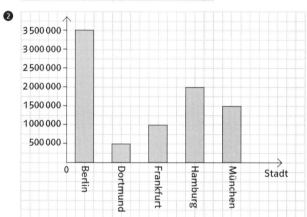

**3** a) 87,32 €    ≈ 90 €
    13,97 €    ≈ 10 €
    899,51 €    ≈ 900 €
b) 250 000    ≈ 300 000
    1 370 000    ≈ 1 400 000
    999 009    ≈ 1 000 000
c) 978 650    ≈ 1 000 000
    45 450 054    ≈ 45 000 000
    3 999 900    ≈ 4 000 000

**4** a) 49 ➡ XLIX, 113 ➡ CXIII, 3587 ➡ MMMDLXXXVII
b) XC ➡ 90, IM ➡ 999, DCLXVI ➡ 666

**5**  MCMXCVI

## Addition und Subtraktion (A)                    Seite 18

**1** a) 3 869, b) 77 069

**2** a) 703, b) 310

**3** 499 Euro

**4**
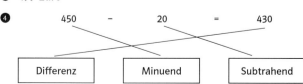

**4**
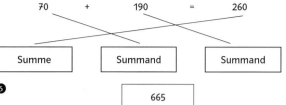

**5**
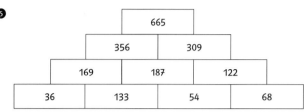

**6**
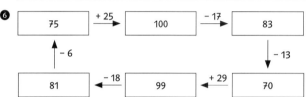

## Addition und Subtraktion (B)                    Seite 20

**1** a) 77 069, b) 1 090 486

**2** a) 310, b) 3 190

**3** 543 Euro

**4** a) Eine Summe ist das Ergebnis einer Addition.
b) Minuend - Subtrahend = Differenz

**5** Weltbevölkerung = 6 395 Millionen Menschen

**6** a) 379 + 497 = 876
b) 724 − 396 = 328
c) 26 + 1985 + 12 = 2 023
d) 444 − 276 = 168

## Multiplikation und Division (A)                    Seite 22

**1** a) 2 080, b) 888, c) 331 639

**2** a) 117, b) 378, c) 1 769

**3**
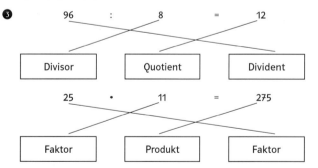

**4** a) 105 : 7 = 15, b) 147 : 7 = 21, c) 23 · 8 = 184

**5** 783 Euro : 9 = 87 Euro

**6**

| Artikel | Anzahl | Einzelpreis | Gesamtpreis |
|---|---|---|---|
| T-Shirt | 5 | 8 € | 40 € |
| Pullover | 3 | 21 € | 63 € |
| Jogginghose | 2 | 17 € | 34 € |
| | | Gesamtbetrag: | 137 € |

## Multiplikation und Division (B)  Seite 24

**❶** a) 56 763, b) 4 182, c) 679 616

**❷** a) 149, b) 407, c) 379

**❸**

| Faktor | • | Faktor | = | Produkt |

| Dividend | : | Divisor | = | Quotient |

**❹** a) 18 · 13 = 234, b) 24 · 27 = 648

**❺** 9 · 109 Euro = 981 Euro

**❻**

| Anzahl | Backware | Einzelpreis | Einnahmen |
|--------|----------|-------------|-----------|
| 16 | Roggenbrot | 4,00 Euro | 64,00 Euro |
| 13 | Croissant | 2,00 Euro | 26,00 Euro |
| 4 | Brezel | 1,50 Euro | 6,00 Euro |
| 10 | Käsebrötchen | 0,50 Euro | 5,00 Euro |
| | | Gesamt: | 101,00 Euro |

## Rechenregeln (A)  Seite 27

**❶** a) Punktrechnung geht vor Strichrechnung.
b) Was in Klammern steht, wird zuerst berechnet.
c) Innere Klammer vor äußerer Klammer.

**❷** Vertauschungsgesetz, Verbindungsgesetz,
Verteilungsgesetz

**❸** a) 13, b) 26, c) 30, d) 8, e) 40

**❹** a) 4 · (8 + 17) = 100, b) (31 + 69) · 2 = 200,
c) 54 : 9 − 2 = 4, d) 3 · (27 − 17) = 30

**❺** 3 · 2,00 € + 1,60 € + 2 · 1,40 € = 10,40 €

**❻** a) (4 + 6) · 2 = 20, b) (30 + 20) : 5 = 10

## Rechenregeln (B)  Seite 29

**❶** Punktrechnung geht vor Strichrechnung.
Was in Klammern steht, wird zuerst berechnet.
Innere Klammer vor äußerer Klammer.

**❷**

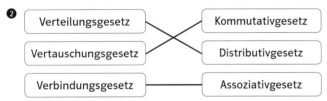

Verteilungsgesetz — Distributivgesetz
Vertauschungsgesetz — Kommutativgesetz
Verbindungsgesetz — Assoziativgesetz

**❸** a) 47, b) 48, c) 45, d) 15, e) 26, f) 9

**❹** a) (3 + 9) · 2 = 24, b) (20 + 40) : 5 = 12,
c) (24 − 4) · 5 − 50 : (7 + 3) = 95

**❺** a) 6 · 5 + 10 = 40, b) 24 + 4 · 9 = 60, c) 3 · (18 + 7) = 75

**❻** 3 · 7,50 € + 5 · 6 € = 52,50 €

## Größen I (A)  Seite 31

**❶**

| 10 g | 1 kg | 10 kg | 1 t |

**❷** 1,65 € = 165 Cent; 1650 Cent = 16,50 €;
65 Cent = 0,65 €; 0,16 € = 16 Cent

**❸**

| | | | richtig | falsch |
|---|---|---|---------|--------|
| 5 000 g | = | 5 kg | ☒ | ☐ |
| 3,5 kg | = | 35 000 g | ☐ | ☒ |
| 1,5 t | = | 150 kg | ☐ | ☒ |
| 11 kg | = | 11 000 g | ☒ | ☐ |
| 7 000 mg | = | 7 g | ☒ | ☐ |

**❹** a) 250 g, b) 990 g, c) 500 g, d) 0 g

**❺** 1,6 kg

## Größen I (B)  Seite 33

**❶** a) 1400 Cent, b) 7,80 €, c) 12,78 €, d) 0,65 €

**❷** a) 9 kg, b) 12 000 g, c) 4 000 kg, d) 35,136 g

**❸** a) 254 g, b) 407 g, c) 901 g, d) 77 g

**❹** 8,320 kg

**❺** 6,20 €

## Größen II (A)  Seite 35

**❶** 1 Woche hat 7 Tage. 1 Tag hat 24 Stunden.
1 Stunde hat 60 Minuten. 1 Minute hat 60 Sekunden.
3 Tage sind 72 Stunden. 96 Stunden sind 4 Tage.

**❷** a) 446 s, b) 1234 min, c) 61 h, d) 665 s

**❸** Charlie landet um 12:46 Uhr in Amsterdam.

**❹**

| km | | | m | | | | | |
|----|---|---|---|---|---|-----|-----|-----|
| H | Z | E | H | Z | E | dm | cm | mm |
| | | | | | 1 | 3 | 0 | 0 |
| | | | | 2 | 5 | 0 | 0 | 2 |
| | 1 | 5 | 1 | 2 | 5 | 0 | 0 | 0 |
| | | | | | | | 7 | 3 |

**❺**

| | | | richtig | falsch |
|---|---|---|---------|--------|
| 2 m 3 cm | = | 23 cm | ☐ | ☒ |
| 4 dm 5 cm | = | 45 cm | ☒ | ☐ |
| 7 km 9 m | = | 7 009 m | ☒ | ☐ |
| 635 m | = | 6 km 35 m | ☐ | ☒ |

**❻** Eloy verlässt um 7:00 Uhr das Haus.

## Größen II (B)  Seite 37

**❶**

| km | | | m | | | | | |
|----|---|---|---|---|---|-----|-----|-----|
| H | Z | E | H | Z | E | dm | cm | mm |
| | | 3 | 1 | 3 | 8 | 0 | 0 | 0 |
| | | | | | 8 | 5 | 6 | 0 |
| | | | | | 3 | 5 | 0 | 0 |
| | | 3 | 2 | 6 | 3 | 0 | 0 | 0 |
| | | | | | 7 | 5 | 0 | 0 |
| | | | | | | | 7 | 8 |

**❷** a) 2,53 m = 253 cm, b) 7 m 6 cm = 706 cm,
c) 34 dm 6 cm = 34,6 dm, d) 0,58 km = 580 m,
e) 8,7 cm = 8 cm 7 mm, f) 82,5 m = 82 m 5 dm

5. Klasse

**❸**

| Anfang | 14:20 Uhr | 5:05 Uhr | 17:49 Uhr | 10:35 Uhr | 16:01 Uhr |
|---|---|---|---|---|---|
| Ende | 15:15 Uhr | 6:40 Uhr | 20:15 Uhr | 12:52 Uhr | 18:00 Uhr |
| Zeit-dauer | 55 min | 1 h 35 min | 2 h 26 min | 2 h 17 min | 1 h 59 min |

**❹** 288 000 Umdrehungen

**❺** Jacqueline kommt um 15:49 Uhr an der Bushaltestelle an. Sie ist von der Schule bis zur Bushaltestelle 1950 Meter gelaufen.

## Größen III (A)                                                Seite 39

**❶**

|  |  | richtig | falsch |
|---|---|---|---|
| 9 kg 3 g | = 930 g | ☐ | ☒ |
| 179 cm | = 1 m 79 cm | ☒ | ☐ |
| 1 h 28 min | = 78 min | ☐ | ☒ |

**❷** a) 70 cm < 17 dm, b) 3 h > 169 min, c) 3 000 g = 3 kg

**❸** a) 30 dm, 3 000 cm, 726 m, 1 km 7 m, 1 070 m
b) 7 000 kg, 4 500 kg, 4 t 20 kg, 1 001 g, 1 kg

**❹**

| mg | g | t | kg |
|---|---|---|---|

## Größen III (B)                                                Seite 40

**❶** a) 1000 mg = 1 g, b) 1000 kg = 1 t, c) 1 d = 1440 min,
d) 3 600 s = 1 h, e) 100 mm = 1 dm, f) 1 km = 10 000 dm

**❷** a) 15 t 5 kg < 15 050 kg; b) 2 h 21 min < 181 min;
c) 700 cm > 69 dm 5 cm; d) 3 540 Cent = 35,40 €;
e) 9 500 g > 9 kg 490 g

**❸** a) 1 kg; 1 001 g; 4 700 g; 4 t 20 kg; 4 500 kg; 7 000 kg
b) 1 561 min; 1 d 2 h; 25 h; 540 s; 6 min; 330 s

**❹** Frederic kommt um 19:53 Uhr wieder zu Hause an.

## Geometrische Grundbegriffe (A)                              Seite 41

**❶** Die Strecke hat einen Anfang und ein Ende.
Die Gerade hat keinen Anfang und kein Ende.
Die Halbgerade hat einen Anfang und kein Ende.

**❷** a) 3,5 cm; b) 4,8 cm

**❸**
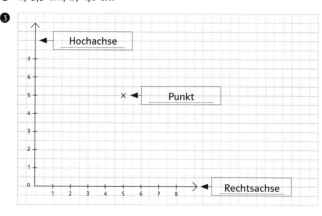

**❹**
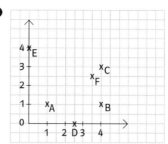

**❺**
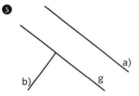

## Geometrische Grundbegriffe (B)                              Seite 43

**❶** a) Strecke: hat einen Anfangs- und einen Endpunkt
b) Halbgerade: hat einen Anfangs- aber keinen Endpunkt
c) Gerade: hat weder einen Anfangs- noch einen Endpunkt

**❷** a)
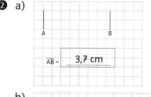

b)
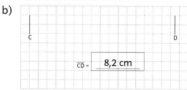

**❸**
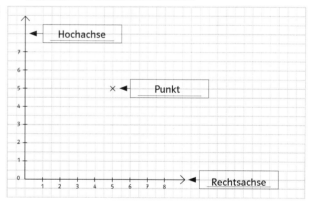

**❹**
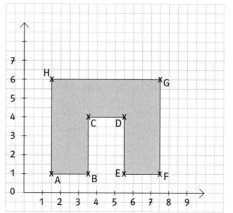

**5. Klasse**

**5** a)

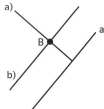

b)

## Geometrische Figuren (A)      Seite 45

**1**

|  | Rechteck | Quadrat | Raute |
|---|---|---|---|
| ☐ (Quadrat) | ☒ | ☒ | ☒ |
| ▭ (Rechteck) | ☒ | ☐ | ☐ |

**2** Bei der Raute sind alle Seiten gleich lang.
Ein Quadrat hat vier rechte Winkel.
Beim Rechteck sind einander gegenüberliegende Seiten parallel zueinander.

**3** $u = 3$ cm $+ 3$ cm $+ 7$ cm $+ 7$ cm ➡ $u = 20$ cm

## Geometrische Figuren (B)      Seite 46

**1**

|  | vier rechte Winkel | alle Seiten sind gleich lang |
|---|---|---|
| Rechteck | ☒ | ☐ |
| Quadrat | ☒ | ☒ |
| Parallelogramm | ☐ | ☐ |
| Raute | ☐ | ☒ |

**2** Der Umfang u eines Rechtecks ist die Summe aller vier Seitenlängen.

**3**

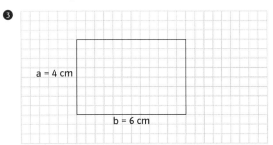

$u = 4$ cm $+ 4$ cm $+ 6$ cm $+ 6$ cm $= 20$ cm

## Flächeninhalte (A)      Seite 47

**1** $A = a \cdot a = a^2$ ➡ Flächeninhalt eines Quadrats
$A = a \cdot b$ ➡ Flächeninhalt eines Rechtecks

**2** a) $A = 4 \cdot 4 = 4^2$ ➡ $A = 16$ cm²
b) $A = 2 \cdot 9$ ➡ $A = 18$ cm²

**3** $A = 5$ cm $\cdot 5$ cm $+ 5$ cm $\cdot 5$ cm
$A = 25$ cm² $+ 25$ cm²
$A = 50$ cm²

## Flächeninhalte (B)      Seite 48

**1** Flächeninhalt eines Quadrats: $A = a \cdot a = a^2$
Flächeninhalt eines Rechtecks: $A = a \cdot b$

**2** a)

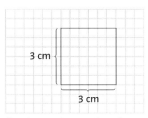

$A = 3$ cm $\cdot 3$ cm $= 9$ cm²

b)

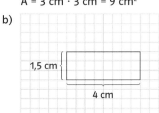

$A = 1{,}5$ cm $\cdot 4$ cm $= 6$ cm²

**3** $A = (2$ cm $\cdot 2$ cm$) \cdot 6$
$A = 4$ cm² $\cdot 6$
$A = 24$ cm²

## Geometrische Körper I (A)      Seite 49

**1**

Quader     Pyramide     Würfel     Quader

**2**

☐      ☐      ☒

**3**

☒      ☐      ☒

## Geometrische Körper I (B)      Seite 50

**1** Butterbrotdose, Buch, Aquarium, Wasserkiste …

**2** Man muss 8 Würfel zusammensetzen, damit ein neuer, größerer entsteht.

**3** Es werden 144 cm Draht benötigt.

**4** Zeichnung b) stellt ein Würfelnetz dar.

## Geometrische Körper II (A)      Seite 51

**1** a) Zylinder, b) Kegel, c) Pyramide, d) Quader

**2** Ecken: 8, Kanten: 12

**3** Patrick denkt an eine Kugel.

**4**

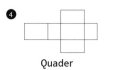 

Quader      Würfel

**Geometrische Körper II (B)**          **Seite 52**

❶ a) Zylinder, b) Kegel, c) Pyramide, d) Quader

❷ a) Würfel, b) Kugel

❸ Quader und Würfel haben jeweils 8 Ecken und 12 Kanten.
An jeder Ecke stoßen 3 Kanten zusammen.

❹

Pyramide      Zylinder

## Teilbarkeit (A)  Seite 53

❶ a) ja, b) nein, c) ja, d) ja, e) nein, f) ja

❷ a) ggT, b) kgV

❸ a) 280; b) 372, 1008, 75;
c) 75, 1250, 6 300; d) 675, 2790, 18 900

❹ ggT = 5, kgV = 20

❺ Jede natürliche Zahl mit genau zwei Teilern heißt
Primzahl.

❻ 2, 3, 5, 7, 11, 13, 17, 19

❼ Nach 9 Minuten fahren ein Zug und ein Bus
gleichzeitig ab.

## Teilbarkeit (B)  Seite 55

❶

| teilbar durch | 2 | 3 | 5 | 9 | 10 | 25 |
|---|---|---|---|---|---|---|
| 96 | ☒ | ☒ | ☐ | ☐ | ☐ | ☐ |
| 675 | ☐ | ☒ | ☒ | ☒ | ☐ | ☒ |
| 2790 | ☒ | ☒ | ☒ | ☒ | ☒ | ☐ |
| 18900 | ☒ | ☒ | ☒ | ☒ | ☒ | ☒ |
| 7341 | ☐ | ☒ | ☐ | ☐ | ☐ | ☐ |

❷ a) f, b) f, c) w, d) f, e) w, f) w, g) w, h) w

❸ a) kleinstes gemeinsames Vielfaches
b) größter gemeinsamer Teiler

❹ a) 6, 60; b), 5, 28

❺ 23, 29, 31, 37

❻ a) $12 = 2 \cdot 2 \cdot 3 = 2^2 \cdot 3$, b) $18 = 2 \cdot 3 \cdot 3 = 2 \cdot 3^2$,
c) $30 = 2 \cdot 3 \cdot 5$

❼ Nach 12 Minuten fahren ein Zug und ein Bus
gleichzeitig ab.

## Bruchschreibweise (A)  Seite 57

❶ a) $\frac{1}{2}$, b) $\frac{1}{4}$, c) $\frac{2}{3}$, d) $\frac{2}{8} = \frac{1}{4}$, e) $\frac{3}{6} = \frac{1}{2}$, f) $\frac{3}{8}$, g) $\frac{3}{12} = \frac{1}{4}$, h) $\frac{5}{8}$

❷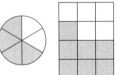

❸
Zähler
Bruchstrich → $\frac{1}{2}$
Nenner

❹ a) $3\frac{1}{3}$, b) $6\frac{1}{4}$, c) 5, d) $10\frac{6}{12}$

❺ a) $\frac{16}{5}$, b) $\frac{19}{2}$, c) $\frac{125}{10}$, d) $\frac{91}{6}$

❻ a) $\frac{10}{24}$, b) $\frac{16}{24}$, c) $\frac{18}{24}$, d) $\frac{4}{24}$

❼ a) $\frac{3}{4}$, b) $\frac{1}{5}$, c) $\frac{1}{3}$, d) $\frac{1}{3}$

❽ a) 500 g, b) 250 g, c) 1 kg

❾ 16 Schülerinnen und Schüler haben ein Smartphone.

❿ 40 Gramm Zucker sind in Tims Schokolade.

## Bruchschreibweise (B)  Seite 60

❶ a) $\frac{2}{3}$, b) $\frac{3}{5}$, c) $\frac{1}{2}$, d) $\frac{2}{8}$, e) $\frac{3}{4}$, f) $\frac{1}{4}$

❷
Zähler
Bruchstrich → $\frac{4}{5}$
Nenner

❸ a) $5\frac{1}{3}$, b) 7, c) $2\frac{17}{18}$, d) $9\frac{9}{13}$, e) $10\frac{2}{3}$, f) $12\frac{13}{27}$

❹ a) $\frac{41}{8}$, b) $\frac{66}{7}$, c) $\frac{115}{9}$, d) $\frac{172}{8}$, e) $\frac{255}{14}$, f) $\frac{170}{22}$

❺ a) $\frac{20}{48}$, b) $\frac{32}{48}$, c) $\frac{36}{48}$, d) $\frac{8}{48}$, e) $\frac{6}{48}$

❻ a) $\frac{1}{2}$, b) $\frac{1}{5}$, c) $\frac{1}{8}$, d) $\frac{2}{9}$, e) $\frac{2}{5}$, f) $\frac{13}{17}$

❼ a) 400 g, b) 125 g, c) 30 kg

❽ 20 Schülerinnen und Schüler haben ein Smartphone.

❾ Jennifer: 8 Stimmen, Anton: 9 Stimmen,
Jonas: 7 Stimmen – Anton hat die Wahl gewonnen und
wird Klassensprecher.

## Addition und Subtraktion I (A)  Seite 62

❶ a) $\frac{4}{6} = \frac{2}{3}$, b) $\frac{10}{15} = \frac{2}{3}$, c) $\frac{35}{100} = \frac{7}{20}$, d) $\frac{2}{7}$, e) $\frac{5}{20} = \frac{1}{4}$, f) $\frac{25}{85} = \frac{5}{17}$

❷ a)
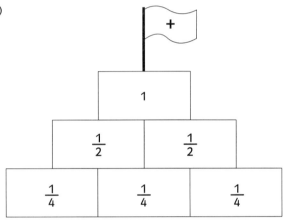

b)
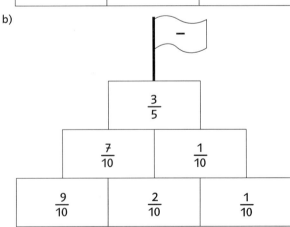

❸ A $\frac{7}{8} - \frac{4}{8} = \frac{3}{8}$   H $\frac{4}{8} - \frac{3}{8} = \frac{1}{8}$
U $\frac{2}{8} + \frac{2}{8} + \frac{1}{8} = \frac{5}{8}$   S $\frac{3}{8} + \frac{5}{8} - \frac{1}{8} = \frac{7}{8}$
= HAUS

6. Klasse

## Addition und Subtraktion I (B)  Seite 64

❶ a) $\frac{10}{5} = 2$, b) $\frac{8}{8} = 1$, c) $\frac{66}{99} = \frac{2}{3}$, d) $\frac{7}{7} = 1$,

e) $\frac{8}{24} = \frac{1}{3}$, f) $\frac{3}{12} = \frac{1}{4}$

❷ a)

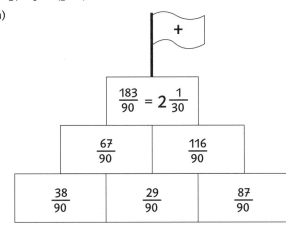

b)

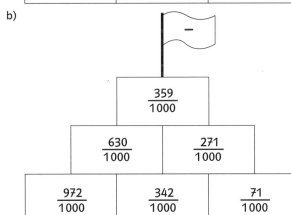

❸

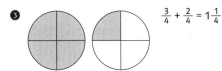

$\frac{3}{4} + \frac{2}{4} = 1\frac{1}{4}$

❹ a) $\frac{5}{7} < \frac{6}{7}$, b) $\frac{11}{19} = \frac{11}{19}$, c) $\frac{238}{325} < \frac{239}{325}$

## Addition und Subtraktion II (A)  Seite 66

❶ a) $1\frac{1}{4}$, b) $\frac{5}{6}$, c) $\frac{9}{20}$, d) $1\frac{2}{15}$, e) $\frac{83}{100}$, f) $\frac{2}{3}$

❷ a) $\frac{1}{2}$, b) $\frac{2}{3}$, c) $\frac{1}{6}$, d) $\frac{1}{4}$, e) $\frac{1}{12}$, f) $\frac{29}{72}$

❸ a) $3\frac{3}{4}$, b) $7\frac{3}{10}$, c) $10\frac{5}{14}$, d) $50\frac{13}{20}$

❹ a) $11\frac{1}{4}$, b) $5\frac{1}{10}$, c) $7\frac{3}{14}$, d) $5\frac{11}{20}$

## Addition und Subtraktion II (B)  Seite 68

❶ a) $1\frac{1}{4}$, b) $1\frac{1}{15}$, c) $\frac{13}{20}$, d) $1\frac{2}{21}$, e) $1\frac{1}{12}$, f) $1\frac{4}{15}$, g) $\frac{47}{54}$, h) $\frac{87}{100}$

❷ a) $\frac{1}{3}$, b) $\frac{23}{12}$, c) $\frac{5}{12}$, d) $\frac{23}{35}$, e) $\frac{5}{36}$, f) $\frac{3}{10}$, g) $\frac{2}{45}$, h) $\frac{1}{36}$

❸ a) $4\frac{1}{4}$, b) $2\frac{11}{15}$, c) $7\frac{14}{15}$, d) $3\frac{1}{9}$, e) $7\frac{1}{2}$, f) $10\frac{1}{25}$

❹ a) $1\frac{1}{4}$, b) $1\frac{14}{15}$, c) $1\frac{17}{20}$, d) $1\frac{1}{40}$, e) $2\frac{5}{21}$, f) $4\frac{14}{15}$

## Multiplikation und Division I (A)  Seite 70

❶ a) $1\frac{3}{4}$, b) $\frac{1}{2}$, c) $1\frac{1}{3}$, d) $\frac{1}{6}$, e) $\frac{1}{4}$, f) $\frac{3}{10}$

❷ a) Sie legt in zwei Stunden 16 Kilometer zurück.
b) Sie legt in einer viertel Stunde zwei Kilometer zurück.

❸ a) $\frac{1}{10}$, b) 3, c) $\frac{1}{3}$, d) 3, e) $1\frac{1}{2}$, f) 2

❹ Er fährt durchschnittlich 20 Kilometer pro Stunde.

## Multiplikation und Division I (B)  Seite 72

❶ a) $5\frac{1}{4}$, b) $1\frac{2}{7}$, c) $1\frac{1}{3}$, d) $\frac{4}{9}$, e) $\frac{1}{2}$, f) $1\frac{1}{8}$, g) 8, h) $30\frac{2}{3}$, i) $4\frac{6}{7}$,
j) $7\frac{1}{3}$

❷ a) In 5 Sekunden legt der Schall $\frac{5}{3}$ km = $1\frac{2}{3}$ km zurück.
b) In einer halben Sekunde legt der Schall $\frac{1}{6}$ km zurück.

❸ a) $\frac{3}{28}$, b) $\frac{9}{10}$, c) $\frac{1}{2}$, d) 2, e) $\frac{3}{7}$, f) $1\frac{3}{7}$, g) $1\frac{1}{13}$, h) $1\frac{1}{15}$, i) $7\frac{1}{2}$, j) $\frac{24}{25}$

❹ Er fährt im Durchschnitt 96 km/h.

## Multiplikation und Division II (A)  Seite 74

❶ a)

| · | $\frac{2}{3}$ | $\frac{1}{5}$ | $\frac{1}{6}$ |
|---|---|---|---|
| $\frac{1}{2}$ | $\frac{1}{3}$ | $\frac{1}{10}$ | $\frac{1}{12}$ |
| $\frac{1}{4}$ | $\frac{1}{6}$ | $\frac{1}{20}$ | $\frac{1}{24}$ |
| 6 | 4 | $1\frac{1}{5}$ | 1 |

b)

| : | $\frac{1}{8}$ | $\frac{5}{6}$ |
|---|---|---|
| $\frac{3}{8}$ | 3 | $\frac{9}{20}$ |
| $\frac{1}{3}$ | $2\frac{2}{3}$ | $\frac{2}{5}$ |

❷ Man braucht demnach zehn Minuten für einen Kilometer.

❸ Man kann drei Wassergläser füllen.

❹ a) Insgesamt sind vier Schüler krank.
b) Zwei Schüler haben Fieber.

❺ a) 66 Kinder fahren mit dem Bus.
b) 33 Kinder fahren mit dem Fahrrad.
c) 231 Kinder gehen zu Fuß.

## Multiplikation und Division II (B)  Seite 76

❶ a)

| · | $\frac{2}{3}$ | $\frac{16}{12}$ | $\frac{9}{13}$ |
|---|---|---|---|
| $\frac{3}{4}$ | $\frac{1}{2}$ | 1 | $\frac{27}{52}$ |
| $\frac{1}{2}$ | $\frac{1}{3}$ | $\frac{2}{3}$ | $\frac{9}{26}$ |
| 5 | $3\frac{1}{3}$ | $6\frac{2}{3}$ | $3\frac{6}{13}$ |

b)

| : | $\frac{5}{8}$ | $\frac{6}{9}$ | 4 |
|---|---|---|---|
| $\frac{3}{8}$ | $\frac{3}{5}$ | $\frac{9}{16}$ | $\frac{3}{32}$ |
| $\frac{1}{3}$ | $\frac{8}{15}$ | $\frac{1}{2}$ | $\frac{1}{12}$ |
| 2 | $3\frac{1}{5}$ | 3 | $\frac{1}{2}$ |

❷ 284 Kinder fahren mit dem Bus.
355 Kinder fahren mit dem Fahrrad.
142 Kinder gehen zu Fuß.

❸ Man kann 6 Gläser füllen.

❹ a) Sechs Schüler sind insgesamt krank.
b) Zwei Schüler haben die Grippe.
c) Der Anteil der an der Grippe erkrankten Schüler beträgt insgesamt $\frac{1}{12}$.

❺ Für einen Kilometer braucht man 15 Minuten, also eine viertel Stunde.

## Addition und Subtraktion (A)  Seite 78

❶ a) 3,51 = Dezimalbruch

b) $\frac{351}{1000}$ = gewöhnlicher Bruch

c) 0,761 Dezimalbruch

d) $7\frac{225}{1000}$ = gemischte Schreibweise

❷ Rechts vom Komma stehen nacheinander die Zehntel, Hundertstel, Tausendstel.

❸ $\frac{75}{1000}$

❹

| Dezimalbruch | gemischte Schreibweise | gewöhnlicher Bruch |
|---|---|---|
| 2,5 | $2\frac{5}{10}$ | $\frac{25}{10}$ |
| 1,10 | $1\frac{10}{100}$ | $\frac{110}{100}$ |
| 2,025 | $2\frac{25}{1000}$ | $\frac{2025}{1000}$ |

❺ a) 9,7; b) 10,18; c) 55,202; d) 39,50

❻ Frau Walter hatte vor dem Einkaufen 50 Euro in der Geldbörse.

## Addition und Subtraktion (B)  Seite 80

❶ 1,578 ist ein Dezimalbruch. Ein Dezimalbruch hat ein Komma. Rechts vom Komma stehen nacheinander die Zehntel, Hundertstel, Tausendstel.

❷

| Dezimalbruch | gemischte Schreibweise | gewöhnlicher Bruch |
|---|---|---|
| 3,07 | $3\frac{7}{100}$ | $\frac{307}{100}$ |
| 7,07 | $7\frac{7}{100}$ | $\frac{707}{100}$ |
| 5,025 | $5\frac{25}{1000}$ | $\frac{5025}{1000}$ |
| 0,003 | $\frac{3}{1000}$ | $\frac{3}{1000}$ |

❸ a) 9,9; b) 17,59; c) 97,561; d) 15,52

❹ Die Ladung wiegt 3,715 Tonnen.

## Multiplikation und Division (A)  Seite 82

❶ a)

| | · 10 | · 100 | · 1000 |
|---|---|---|---|
| 42 | 420 | 4 200 | 42 000 |
| 1,5 | 15,0 | 150,0 | 1500,0 |
| 53,72 | 537,20 | 5 372,00 | 53 720,00 |

b)

| | : 10 | : 100 | : 1000 |
|---|---|---|---|
| 7 000 000 | 700 000 | 70 000 | 7 000 |
| 562 000 | 56 200 | 5 620 | 562 |
| 30 300 | 3 030 | 303 | 30,3 |

❷ Herr Rentsch muss 12,10 € bezahlen.

❸ a) 16,3; b) 49,542; c) 17,15; d) 0,06

❹ 28,80 € + 22,50 € = 51,30 €

❺ a)

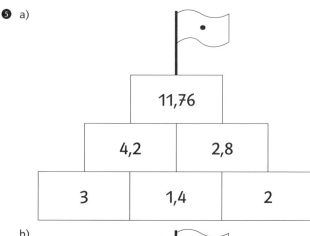

b)

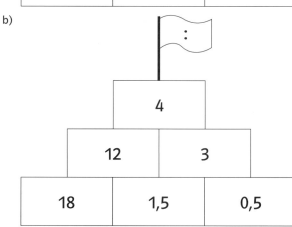

## Multiplikation und Division (B)  Seite 84

❶ Frau Heinrich muss 60,06 € bezahlen.

❷ a) 74,46; b) 121,2694; c) 25,725; d) 0,00006

❸ 45,76 € + 15,98 € + 127,40 € = 189,14 €

❹ a)

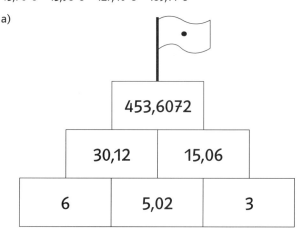

b)

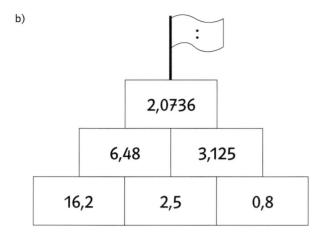

| | • 10 | • 100 | • 1000 |
|---|---|---|---|
| 83,61 | 836,10 | 8 361,00 | 83 610,00 |
| 4,20 | 42,00 | 420,00 | 4 200,00 |
| 294 | 2 940 | 29 400 | 294 000 |

**5** a)

b)

| | : 10 | : 100 | : 1000 |
|---|---|---|---|
| 1 000 000 | 100 000 | 10 000 | 1 000 |
| 35 000 | 3 500 | 350 | 35 |
| 2 750 000 | 275 000 | 27 500 | 2 750 |

## Umgang mit Dezimalbrüchen (A)     Seite 86

**1**

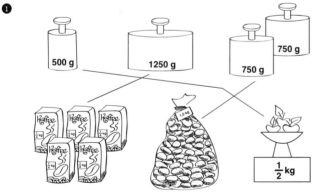

**2** Charlie braucht für seinen Schokopudding mehr Schokoladen-Sauce als Milch.
Charlie braucht für die Lasagne weniger Tomaten als Hackfleisch.

**3** a) 15,6; 108,0; 3 250,4; 0,9
b) 4,35; 87,64; 729,35; 0,91

**4** a) alle Zahlen zwischen 1,001 und 1,999
b) alle Zahlen zwischen 4,501 und 4,599

**5** 3,5 < 3,55 < 3,555 < 20,0987 < 20,23 < 20,987 < 20,99 < 21

## Umgang mit Dezimalbrüchen (B)     Seite 88

**1** a) 1,26; 187,76; 14 789,35; 909 090,91
b) 0,6; 89,5; 0,0; 7 307,0
c) 0,594; 187,764; 89,487; 26 121,985

**2** a) alle Zahlen zwischen 8,001 und 8,999
b) alle Zahlen zwischen 3,801 und 3,899
c) alle Zahlen zwischen 0,041 und 0,049
d) alle Zahlen zwischen 129,901 und 129,999

**3** 6,55 < 6,555 < 7,00987 < 7,01987 < 21,879 < 21,88 < 26,23 < 26,322

**4** a) $\frac{1}{2}$ = 0,5; $\frac{3}{4}$ = 0,75; $\frac{2}{3}$ = 0,$\overline{6}$
b) 1,5 = 1 $\frac{1}{2}$; 0,25 = $\frac{1}{4}$; 0,875 = $\frac{7}{8}$

**5** a) $\frac{3}{4}$ = 0,75; b) $\frac{2}{3}$ < $\frac{7}{10}$; c) 0,9 > $\frac{89}{100}$; d) $\frac{15}{3}$ > 4,907

## Rechteck und Quader (A)     Seite 90

**1** b) und e)

**2** Rechteck: Das Rechteck ist eine Fläche. Der Flächeninhalt wird mit a · b berechnet. A = 25 cm²
Quader: Der Quader ist ein Körper,
Das Volumen wird mit a · b · c berechnet. V = 25 dm³

**3** a) A = 30 cm², b) A = 322 cm²

**4** a) V = 420 cm³, b) V = 4 896 dm³

**5** Die Terrassenfläche beträgt insgesamt 28 m².

**6** Das Volumen des Holzbalkens beträgt 0,3 m³.

## Rechteck und Quader (B)     Seite 92

**1** a) Flächeninhalt eines Rechtecks;
b) Volumen eines Quaders

**2** a) A = 135 cm²; b) A = 1150 cm² oder 11,5 dm²

**3** a = 37 mm

**4** a) V = 3 888 cm³; b) V = 2 720 cm³ oder 2,72 dm³

**5** c = 19 cm

**6** A = 28 m² – Das Verlegen kostet 1428 €.

**7** Das Winkelstück besteht aus 1500 cm³ Holz.

## Kreise (A)     Seite 95

**1**

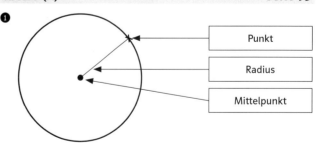

**2** a) Der Radius beträgt 3 cm. ➡ Der Durchmesser ist dann 6 cm.
b) Der Durchmesser beträgt 15 dm. ➡ Der Radius ist dann 7,5 dm.
c) Der Radius beträgt 5 cm. ➡ Der Durchmesser ist dann 1 dm.

**③** a)

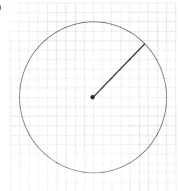

b)

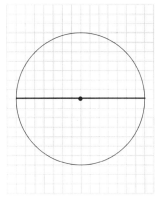

**④** a) M ( 2 | 2 ); b) M ( 4 | 6 )

## Kreise (B)                                    Seite 97

**①** a) Der Punkt, in den man mit dem Zirkel einsticht und
   einen Kreis zeichnet, heißt Mittelpunkt.
   b) Den Abstand zwischen diesem Punkt und dem Kreis
   nennt man Radius (r).
   c) Die Strecke, die zwei Kreispunkte verbindet und durch
   den Mittelpunkt geht, nennt man Durchmesser (d).

**②**

|   | a) | b) | c) | d) | e) | f) |
|---|------|------|------|------|------|------|
| **r** | 4,5 cm | 1,5 dm | 13 mm | 0,45 m | 500 m | 0,2 dm |
| **d** | 9 cm | 30 cm | 2,6 cm | 0,9 m | 1 km | 40 mm |

**③** a)

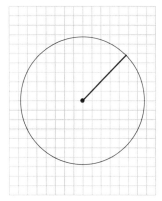

b)

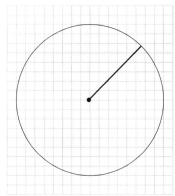

**④** a) M ( 1 | 1,5 ); b) M ( 5 | 3 )

## Winkel I (A)                                  Seite 99

**①** a) Vollwinkel, b) stumpfer Winkel,
   c) gestreckter Winkel, d) spitzer Winkel,
   e) rechter Winkel

**②** a) Ist der Winkel größer als 0° und kleiner als 90°, dann
   handelt es sich um einen spitzen Winkel.
   b) Der rechte Winkel ist 90° groß.
   c) Ist der Winkel größer als 90° und kleiner als 180°, dann
   handelt es sich um einen stumpfen Winkel.

**③** a) 75°, b) 20°, c) 120°, d) 95°

**④** a)

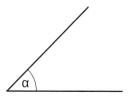

b)

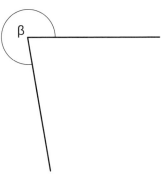

## Winkel I (B)                                  Seite 101

**①** a) = st, b) = sp

**②** a)

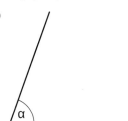

**6. Klasse**

b)

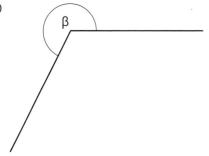

c)

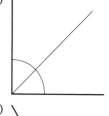

d)

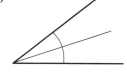

❸ Der Winkel ist 150° bzw. 210° groß.

❹ Er hat 15 Tore mit dem Fuß und 5 Tore mit dem Kopf erzielt.

## Winkel II (A)                                    Seite 102

❶ a)

b)

❷ a) α = 90°; b) α = 30°, β = 150°, γ = 30°

❸ Alle Winkel sind gleich groß.

## Winkel II (B)                                    Seite 103

❶ a)

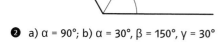

b)

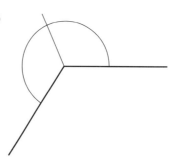

❷ a) α = 80°, β = 70°, γ = 80°, δ = 30°
   b) $α_1 = α_3 = α_5 = α_7 = 45°$; $α_2 = α_4 = α_6 = 135°$

❸ a) α = 50°, b) α = 30°, β = 30°, γ = 50°

❹ Im Parallelogramm ergänzen sich Nebenwinkel zu 180°
   (α + β = 180°, γ + δ = 180°); gegenüberliegende Winkel sind
   gleich groß (α = γ, β = δ).

## Symmetrie (A)                                    Seite 105

❶ Punktsymmetrie und Drehsymmetrie

❷

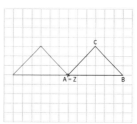

❸

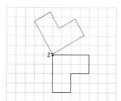

❹ a) Eine Figur heißt punktsymmetrisch zum Punkt Z, wenn
   sie bei der Punktspiegelung an Z auf sich selbst abgebildet wird.
   b) Wenn eine Figur bei einer Drehung um einen Punkt Z
   mit einem Drehwinkel zwischen 0° und 360° deckungsgleich ist, dann ist die Figur drehsymmetrisch.

## Symmetrie (B)                                    Seite 107

❶ a) Punktsymmetrie: Eine Figur heißt punktsymmetrisch
   zum Punkt Z, wenn sie bei der Punktspiegelung an Z auf
   sich selbst abgebildet wird.
   b) Drehsymmetrie: Wenn eine Figur bei einer Drehung um
   einen Punkt Z mit einem Drehwinkel zwischen 0° und
   360° deckungsgleich ist, dann ist die Figur drehsymmetrisch.

❷ a) und d)

❸

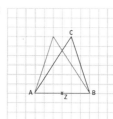

❹

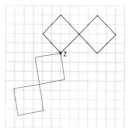

# Abbildungsverzeichnis

**Seite 6, 8:**
Notiz (Julia Flasche)

**Seite 16, 111:**
Kochmütze (Manuela Ostadal),
Noten (Carla Miller), Fussball (Nataly Meenen),
Fragezeichen (Charlotte Wagner)

**Seite 21, 24, 50, 51, 62, 64, 89:**
Junge (Mele Brink)

**Seite 23:**
Jeans (Mele Brink)

**Seite 25:**
Fernsehen (Mele Brink)

**Seite 28:**
Junge telefonieren (Mele Brink)

**Seite 31, 112:**
Brief (Mele Brink), Zucker (Mele Brink), Auto
(Roman Lechner), Fahrrad (Manuela Ostadal)

**Seite 35:**
Flughafen (Mele Brink)

**Seite 37:**
joggen (Mele Brink)

**Seite 38:**
Uhren (Mele Brink)

**Seite 39, 113:**
Briefmarke (Barbara Gerth), Smartphone
(Anja Ley), Flugzeug (Marion El-Khalafawi),
Fahrrad (Manuela Ostadal)

**Seite 40:**
Sport (Mele Brink)

**Seite 56:**
Zug (Julia Flasche)

**Seite 71:**
Lehrer Fahrrad (Mele Brink)

**Seite 73:** Auto (Mele Brink)

**Seite 74, 77:** wandern Frau (Mele Brink)

**Seite 75:** Schule beginnt (Mele Brink)

**Seite 76:** Wasser (Mele Brink)

**Seite 78:** Zitrone (Mele Brink)

**Seite 79:** Geldbeutel (Mele Brink)

**Seite 81:** LKW (Elisabeth Lottermoser)